CHINA'S
SOCIAL
SECURITY

中国的社会保障

中华人民共和国人力资源和社会保障部组织编写

中国劳动社会保障出版社

图书在版编目（CIP）数据

中国的社会保障 / 中华人民共和国人力资源和社会保障部组织编写. -- 北京：中国劳动社会保障出版社，2019

ISBN 978-7-5167-4297-6

Ⅰ. ①中…　Ⅱ. ①中…　Ⅲ. ①社会保障 - 概况 - 中国　Ⅳ. ① D632.1

中国版本图书馆 CIP 数据核字（2019）第 284266 号

中国劳动社会保障出版社出版发行

（北京市惠新东街 1 号　邮政编码：100029）

*

中国铁道出版社印刷厂印刷装订　新华书店经销

787 毫米 × 1092 毫米　16 开本　16.25 印张　201 千字

2019 年 12 月第 1 版　　2019 年 12 月第 1 次印刷

定价：65.00 元

读者服务部电话：（010）64929211/84209101/64921644

营销中心电话：（010）64962347

出版社网址：http://www.class.com.cn

编辑工作委员会

前　言

社会保障是现代国家一项基本的社会经济制度，是民生安全网、社会稳定器，与人民幸福安康息息相关，关系国家的长治久安。

中华人民共和国成立以来，中国的社会保障经历了从无到有、从以城镇为主向城乡统筹转变、从以覆盖国有单位职工为主向覆盖全体居民转变的过程。特别是自20世纪70年代末改革开放以来，中国政府立足国情，坚持发展和完善中国特色社会主义市场经济体制，以增强公平性、适应流动性、保证可持续性为重点，稳步推进社会保障制度改革发展取得历史性成就。经过不懈努力，中国已经建成了世界上规模最大的社会保障体系，养老保险覆盖人数已经超过9.5亿人，基本医疗保险覆盖13.5亿人，覆盖城乡居民的多层次社会保障体系基本建立，民生保障网不断织密扎牢，待遇水平稳步提高，基金规模不断壮大，切实增强了人民群众的获得感、幸福感、安全感，开创了一条中国特色社会保障道路。

在改革发展实践中，中国政府深刻把握社会保障基本规律，强力推进改革，积累了弥足珍贵的经验。始终坚持党的领导，把人民放在心中最高位置，坚持尽力而为、量力而行，在发展中保障和改善民生，维护社会公平正义。始终坚持立足中国基本国情和发展的阶段性特征，借鉴汲取国际社会保障制度建设的经验教训，探索建立符合中国实际的社会保障体系。始终坚持与时俱进改革创新，以渐进式改革推动社会保障体系建设不断取得突破。始终坚持底线思维和社会政策要托底的基本要求，牢牢守住保障群众基本生活和基本权益这一民生底线。通过努力，中国社会保障事业不断开拓创新、持续稳定发展，有力保障了群众基本生活，有力提升了经济社会包容发展的水平。

当前，中国特色社会主义进入新时代，社会主要矛盾转化为人民日益增长的美好生活需要和不平衡不充分的发展之间的矛盾，人民群众期盼享有更加可靠的社会保障。面对人口老龄化进程不断加快等带来的一系列严峻挑战，中国政府将按照兜底线、织密网、建机制的要求，进一步改革创新、锐意进取，不断深化各项社会保障改革，全面建成覆盖全民、城乡统筹、权责清晰、保障适度、可持续的多层次社会保障体系，让改革发展成果更多更公平惠及全体人民，不断促进人的全面发展、全体人民共同富裕，使社会主义制度优越性得到充分体现。

《中国的社会保障》一书，系统全面地介绍了中国社会保障改革发展历程、基本概况和历史性成就，总结实践经验，展望美好未来。本书既是国内外有关专业人士研究中国社会保障制度体系、政策架构、历史背景的重要参考资料，也是广大读者深入了解中国社会保障制度的必备手册。我们非常期待，通过《中国的社会保障》这扇窗口，大家能够对中国经济社会的全面发展和中国人民生活的幸福安康，有更多角度、更深层次的了解、感受和认同。

2019年12月

目 录

第一章
中国社会保障概况

中国是世界上最大的发展中国家，长期处于社会主义初级阶段，基本国情是人口众多，经济发展起点低，城乡之间、地区之间发展不平衡。中华人民共和国成立 70 年来，中国共产党和中国政府始终坚持立党为公、执政为民的宗旨，高度重视保障和改善民生，从基本国情和不同时期的实际出发，建立和完善社会保障制度，初步建成了与经济社会发展水平相适应、保障项目比较齐全的社会保障体系，覆盖范围逐步扩大，保障水平稳步提高，相关公共服务愈益便捷，使全体中国人民获得不断增进的福祉，维护了社会和谐稳定，巩固了国家长治久安的基础。

第一节　中国社会保障制度的发展历程

70 年来，中国的社会保障制度大体经历了四个发展阶段，特别是中共十九大以来，中国特色社会主义进入新时代，社会保障体系建设正处于新的发展阶段。

第一阶段：起步奠基，初建制度（1949—1976 年）

1949 年 9 月 29 日，即中华人民共和国宣告成立的两天前，中国人民政治协商会议第一届全体会议通过的、具有临时宪法作用的《中国人民政治协商会议共同纲领》，就包含了社会保障内容，提出“逐步实行劳动保险制度”。

中华人民共和国成立伊始，为解决旧社会遗留下来的严重的城市失业问题，人民政府组织开展了失业工人救济运动，这是首次大规模的社会保障实践。通过多方筹资建立救济基金，采取多种促进就业措施，使得一度高达 23.6% 的失业率回落到 5.9%，保障了人民的基本生活，也稳定了社会。失业工人救济运动在 1956 年结束，虽然只是阶段性政策，但为后来建立失业保险制度积累了经验。

1951 年，政务院公布实施《中华人民共和国劳动保险条例（试行）》（以下简称《劳动保险条例》），1953 年又作了修正，据此建立了中华人民共和国最早的综合性社会保险制度。劳动保险制度适用于各类企业及其职工，由企业缴费形成劳动保险基金，具有社会统筹互济的性质。待遇项目包括五类——因工负伤和残废待遇，疾病、非因工负伤和残废待遇，死亡丧葬和抚恤待遇，养老待遇，生育待遇。企业职工退职养老，由劳动保险基金按月支付养老补助费，其他情形下则主要由企业支付规定的待遇，劳动保险基金给予一定补助。这一制度一直执行到 1969 年。此后，劳动保险金被停止提取，相关开支改在企业营业外列支，致使社会统筹机制瓦解，演变成企业的自我保障，但劳动保险制度规定的相关待遇项目和标准仍延续执行。

1952 年，开始施行国家工作人员公费医疗制度，适用范围是政府机关和事业单位及其工作人员，与企业职工劳保医疗并行，但不专门建立基金，而是由各级政府预算安排资金，由各级卫生行政机关掌握使用。

1956年，开始施行全国统一的国家机关及其所属事业单位工作人员退休、退职办法。1958年又统一了企业职工和国家机关工作人员退休、退职的条件和待遇标准，初步形成了覆盖广泛的机关和企事业单位养老保障制度规范。

20世纪50年代，中国政府发布一系列条例、规定，先后建立了革命军人、革命工作人员伤亡褒恤制度，女职工生育和女工保护制度，职业病预防、治疗和补偿制度。

这一时期，中国政府在农村建立了“五保”供养制度，即对缺乏劳动力或者完全丧失劳动能力的老、弱、孤、寡、残居民，由农村生产合作社在生活上给予适当安排照顾，“五保”的项目是保证吃、穿、烧（燃料）、教（少儿受到教育）、葬（去世后得到安葬）。20世纪50年代中后期，中国农村还出现了合作医疗的雏形，即通过农村集体经济组织给予一定补助和农民供款供物，补贴乡村医务工作者为村民提供初级医疗服务。经过政府总结和推行，农村合作医疗在20世纪60年代形成兴办高潮，在一定程度上缓解了农村地区严重缺医少药的矛盾，并与当时城镇的公费医疗、劳保医疗共同构成了中国三大基本医疗保障制度。

中华人民共和国成立之初百废待兴，中国政府白手起家，建立起多项社会保障制度，得到人民群众的衷心拥护。这一阶段社会保障制度建设的突出特点，一是以城市为主，主要适用于公营单位及其职工，农村的保障体系总体相对薄弱；二是与计划经济体制相适应，劳动保险制度有一定的社会保险属性，但从各项保障制度的范围、项目和运行体制、机制等方面看，具有国家和单位全责保障的明显特征。在“文化大革命”的十年间，社会保障制度受到严重破坏，但此前所做的大量艰苦开创工作，为后来中国社会保障制度改革发展奠定了基础。

第二阶段：以城市为重点，改革探索（1977—2002 年）

“文化大革命”结束后，中国开始拨乱反正。1978 年 6 月，国务院颁布法规性文件，恢复了在“文化大革命”期间中断的干部、工人退休退职办理工作，并规范了退休退职的条件和待遇标准，有些政策（如关于退休年龄的规定）一直沿用至今。

同年年底召开的中共十一届三中全会，拉开了中国改革开放的大幕。经济体制改革最先从农村实行家庭联产承包责任制起步，20 世纪 80 年代初转向以城市为中心、以国营企业改革为重点。自此，中国社会保障发展进入了以改革、重建企业职工社会保险制度为主要内容的新阶段（见表 1-1）。

表 1-1　1977—2002 年中国社会保障制度建设情况

制度名称	建立时间	基本模式	主要筹资渠道	适用范围
失业保险	1986 年始建 1999 年定型	社会统筹	企事业单位 和个人缴费	企事业单位 及其职工
养老保险	20 世纪 80 年代探索 1997 年统一	社会统筹与个人 账户相结合	企业和个人缴费 政府补助	企业及其职工
医疗保险	1994 年试点 1998 年定型	社会统筹与个人 账户相结合	用人单位 和个人缴费	机关、企事业 单位及其职工
生育保险	1995 年	社会统筹	企业缴费	企业及其职工
工伤保险	1996 年	社会统筹	企业缴费	企业及其职工
城市低保	1999 年	普遍保障	财政预算	城市居民
全国社会 保障基金	2000 年设立	战略储备	中央财政 预算拨款等	—

（1）创建待业—失业保险制度。1986 年，配合国营企业对新招用工人实行劳动合同制，在合同制工人范围内施行待业保险。这是自 1956 年失业工人

救济运动结束后，首次为失业人员（当时称为企业待业职工）建立的保障制度。1993 年扩大了实施范围。1999 年国务院颁布《失业保险条例》，一直施行至今。

（2）重建企业养老保险制度。20 世纪 80 年代初、中期，适应企业改革的需要，各地开始自发探索重建企业退休费用社会统筹机制。国务院于 1991 年发布决定，在全国范围内建立国家、企业和个人共同负担，社会统筹的企业职工养老保险制度。1995 年又决定实行社会统筹与个人账户相结合（以下简称统账结合）的制度模式，经过两年试点，统账结合的企业职工基本养老保险制度在全国统一建立。与此同时，开始建立企业补充养老保险制度，后来转化为企业年金。

（3）改革职工医疗保险制度。1994 年，国务院直接组织在江苏省镇江市和江西省九江市开展改革医疗保险制度的试点（简称“两江”试点），1996 年将试点范围扩大到几十个城市。经过实践探索，1998 年国务院发布决定，在全国范围内建立社会统筹与个人账户相结合的城镇职工基本医疗保险制度，适用范围包括所有国家机关、企事业单位及其职工和退休人员，取代了原来的劳保医疗和公费医疗。同时还建立了多项补充性医疗保险制度。

（4）建立工伤保险制度。按照劳动法的规定，1996 年劳动部发布《企业职工工伤保险试行办法》，推动各地建立工伤保险基金，形成规范的企业职工工伤保险制度。

（5）建立生育保险制度。为贯彻实施劳动法，1994 年年底劳动部颁布《企业职工生育保险试行办法》，通过建立统筹基金，保障企业职工生育期间的收入和医疗待遇。

（6）建立城市居民最低生活保障制度。1999 年国务院颁布《城市居民最低生活保障条例》，对保障对象、保障原则、资金来源和申请程序作出明确规定。随后，全国所有城市都建立起城市最低生活保障（以下简称低保）制度。

（7）设立全国社会保障基金。为应对未来人口老龄化高峰的挑战，2000年中国政府决定设立战略储备性的全国社会保障基金，由中央财政预算资金拨入等渠道筹资，全国社会保障基金理事会负责管理，实行市场化投资运营。

这一时期，改革开放是中国经济、政治、社会发展的鲜明主题，社会保障领域也呈现出大刀阔斧改革的态势，有如下突出特点。

第一，紧密围绕经济体制改革的目标要求。1984年中共十二届三中全会作出《关于经济体制改革的决定》，把增强企业活力作为改革的中心环节，催生了各地重建企业职工退休、医疗、失业等保障的社会统筹机制，力图分散企业负担，保障劳动者权益，并为企业平等参与市场竞争创造条件。1993年中共十四届三中全会作出《关于建立社会主义市场经济体制若干问题的决定》，指出了改革的基本方向，同时明确了社会保障制度改革的目标、原则和主要任务，极大推动了各项社会保障制度的建立、改革或重构，使之逐步摆脱计划经济体制的束缚。表1-1反映，这一时期社会保障制度建树集中在处于改革中心位置的企业范围，基本类型是社会保险，即便是城市低保制度，也是配合当时国有企业职工下岗分流而出台的；相对来说，机关事业单位除了纳入职工医疗保险制度改革和事业单位参加失业保险外，其他保障制度变动不大。

第二，社会保障制度出台密集。1994年颁布的《中华人民共和国劳动法》（以下简称《劳动法》）明确规定了企业职工在养老、医疗、失业、工伤、生育等方面的社会保障权益。据此，在20世纪90年代中后期的短短几年时间里，一举建立或定型了城镇职工五项社会保险制度。与20世纪50年代综合性的劳动保险制度不同的是，这些制度是分别建立、各自单独统筹的。此外，1999年还颁布了《社会保险费征缴暂行条例》，规范和加强社会保险基金征收工作。这些改革举措大都以国务院法规、行政决定或部门规章形式出台，初步形成了以城镇企业职工为主要覆盖对象的社会保障体系框架。

第三，所有改革举措都具有高度实践性。特别是城镇职工五项社会保险制度改革，无不先行试点，通过总结提炼实践经验，再全面推行，厚积而薄发。在20世纪90年代末期亚洲金融风暴的冲击下，中国政府果断采取“两个确保”（确保国有企业下岗职工基本生活、确保企业离退休人员基本养老金按时足额发放）和“三条保障线”（企业再就业服务中心、失业保险、城市低保并行衔接，保障下岗职工基本生活）重大举措，保证了企业的改革和经济体制的转轨，也使相关社会保障制度经受了严格的实践检验。21世纪初，国务院又印发了《关于完善城镇社会保障体系的试点方案》，并先后在辽宁省和吉林省、黑龙江省进行试点，为进一步完善社会保障体系做了实践准备。这样的改革路径选择，反映出“摸着石头过河”的时代特点。

第三阶段：统筹城乡，全民覆盖（2003—2012年）

进入21世纪，中国政府确立以人为本、经济社会协调发展、统筹城乡等理念，提出了全面建设小康社会的目标，并将覆盖城乡居民的社会保障体系基本建立、人人享有基本生活保障作为实现这一目标的重要指标。中国社会保障制度建设进入巩固完善和统筹城乡发展的阶段（见表1-2）。

（1）医疗保险：新建三大制度。一是2003年开始试点建立新型农村合作医疗制度（以下简称新农合），并于2008年在全国农村全面推行。新农合与原来的农村合作医疗的最大区别是政府提供财政补助，引导农民自愿参加。二是建立城镇居民基本医疗保险制度（以下简称城居医保）。2007年开始试点，采取与新农合基本一致的制度模式和政策架构，2009年全面推开，覆盖了城市中不符合参加职工医保条件的非就业居民。三是建立城乡医疗救助制度。2005年部署试点，2007年基本推开，在职工和居民基本医疗保险基础上，又增加了一道“安全网”。同时进一步完善城镇职工医保制度，将城镇灵活就业人员纳入保障范围，健全医疗服务管理政策。自此，全民医保基本实现。

表 1-2　2003—2012 年中国社会保障制度建设情况

新建制度				
制度名称	建立时间	基本模式	主要筹资渠道	适用范围
新农合	2003 年试点 2008 年普及	社会统筹	个人缴费 政府补贴	农村居民
城居医保	2007 年试点 2009 年普及	社会统筹	个人缴费 政府补贴	城镇非就业居民
医疗救助	2007 年	普遍保障	财政预算	全国城乡居民
农村低保	2007 年	普遍保障	财政预算	农村居民
新农保	2009 年试点 2012 年普及	基础养老金 + 个人账户	个人缴费 政府补贴	农村适龄居民
城居保	2011 年试点 2012 年普及	基础养老金 + 个人账户	个人缴费 政府补贴	城镇适龄 非就业居民

完善制度		
制度名称	完善时间	完善形式
工伤保险	2003 年、2010 年	制定、修订条例
企业职工养老保险	2005 年	国务院发布决定
农村五保供养	2006 年	修订条例
失业保险	2006 年	开展预防失业和促进就业试点

（2）养老保险：一完善、两新建。一是完善企业职工养老保险制度。在总结辽宁等地区试点经验基础上，2005 年在全国范围内调整社会统筹和个人账户资金结构，完善基本养老金计发办法，提高基金统筹层次；企业年金转为市场化投资运营。二是建立新型农村社会养老保险制度（以下简称新农保）。2009 年开始试点，实行“基础养老金 + 个人账户”模式，政府向老年农民直接发放基础养老金，2012 年在全国农村全面推行。三是建立城镇居民社

会养老保险制度（以下简称城居保），基本政策与新农保一致，覆盖城镇非就业居民，2011 年试点，2012 年与新农保同步在全国推行。自此形成了分别覆盖企业职工、农民、城镇非就业居民三大群体的基本养老保险体系架构。

（3）工伤保险：纳入法制化、规范化轨道。2003 年国务院颁布《工伤保险条例》，比原先的部门规章提升了法规层级，规范了工伤认定、劳动能力鉴定、基金管理、待遇保障等政策，并明确相关法律责任。2010 年修订《工伤保险条例》，进一步扩大了覆盖范围，大幅度提高待遇水平。这一时期，通过专项计划将职业伤害风险高的进城务工农民工群体纳入工伤保险覆盖范围。

（4）失业保险：建立与促进就业联动机制。2003 年起将控制失业率列为宏观调控的重要指标；2005 年建立了失业预警制度；2006 年在东部较发达的 7 个省市开展扩大失业保险基金支出范围的试点，探索建立失业保险与促进就业的良性互动机制；对在应对经济危机中不裁员、少裁员的企业，用失业保险基金支付稳岗补贴和社会保险补贴，发挥预防失业功能。

（5）社会救助：一完善、一新建。2006 年国务院修订《农村五保供养工作条例》，将五保供养资金“村提留”“乡统筹”改为在地方政府财政预算中安排，并明确中央政府对困难地区给予适当补助。2007 年在全国范围内普遍建立农村居民最低生活保障制度，将符合条件的农村贫困人口纳入保障范围，取代了之前保障水平低、覆盖范围窄的农村生活救助制度。

这一阶段社会保障改革与发展具有如下突出特点。

一是制度建设从城市向农村延展，覆盖范围从职工向全体居民扩大。2003 年春夏之交抗击突发的传染性非典型肺炎疫情（简称“非典”），使中国社会各界更深刻地认识到加强社会领域建设的重要性和紧迫性，补强农村社会保障的“短板”更是当务之急。后来接连出台的涉农社会保障制度——新农合、新农保、农村低保等，在一定意义上是痛定思痛的结果。城市化过程中的被征地农民的就业和基本生活保障问题也得到高度关注，制定了“先保后征”的政策。由此形成了覆盖城乡的、比较完整的社会保障体系框架。

二是社会保障制度逐步规范。2010 年颁布、2011 年 7 月 1 日开始施行的《中华人民共和国社会保险法》（以下简称《社会保险法》）是这一时期社会保障领域的重大历史事件之一。《社会保险法》与 2012 年颁布施行的《中华人民共和国军人保险法》、同年修订的《中华人民共和国老年人权益保障法》、2008 年修订的《中华人民共和国残疾人保障法》等法律以及多项行政法规、部门规章，共同构成了中国社会保障的法制基础，政府部门依法完善有关制度、政策、标准，使中国社会保障事业沿着法制化轨道稳步推进。这一时期开始建立社会保险基金预算制度，还实施了以社会保障信息化为目标的金保工程建设项目。

三是经受国际金融危机的重大考验。2008 年年底爆发的国际金融危机严重冲击中国经济社会运行，影响持续到 2010 年。中国政府及时采取一系列重大举措，在社会保障领域，一方面加大投入，切实保障人民群众特别是低收入群体的基本生活；另一方面主动阶段性降低企业各项社会保险费率，保护企业的生存和发展机会。平稳度过危机之后，许多社会保障措施成为以后应对类似风险的政策储备。

第四阶段：总体设计，系统改革（2012 年至今）

2012 年 11 月中共十八大确立了以人民为中心的发展思想，将在发展中保障和改善民生、增进人民福祉、促进人的全面发展作为国家发展的根本目的，规划了 2020 年全面建成小康社会的目标，将“社会保障全民覆盖”作为重要指标之一，提出“坚持全覆盖、保基本、多层次、可持续方针，以增强公平性、适应流动性、保证可持续性为重点，全面建成覆盖城乡居民的社会保障体系”。2017 年中共十九大召开后，中国特色社会主义进入新时代。

十九大报告阐明中国社会主要矛盾已经转化为人民日益增长的美好生活需要和不平衡不充分的发展之间的矛盾，提出“按照兜底线、织密网、建机制的要求，全面建成覆盖全民、统筹城乡、权责清晰、保障适度、可持续的多层次社会保障体系”的目标和一系列重大任务，使发展成果更多更公平地惠及全体人民。这些理论、方针、原则、目标，指引着社会保障体系建设的新实践（见表 1–3）。

（1）养老保险：顶层设计框架下，重大改革举措迭出。自 2013 年 5 月起，国务院组织有关部门并动员社会各界，制定了完善养老保险制度的总体方案，尔后按照方案设计陆续推出多项重大改革。一是 2014 年 2 月，合并实施新农保和城居保，在全国范围内建立统一的城乡居民基本养老保险制度（以下简称城乡居保）。二是从 2014 年 10 月起改革机关事业单位养老保险，与企业实行基本一致的职工基本养老保险制度。三是制定实施各类职工、城乡居民养老保险相互转移、接续、衔接的政策。四是 2015 年后，对各地累计结余的基本养老保险基金，统一委托指定机构进行市场化、多元化投资运营，促进保值增值。五是 2018 年建立企业职工基本养老保险基金中央调剂制度，建立均衡地区差别的机制，拉开了养老保险基金全国统筹的序幕。六是大力发展多层次养老保险，制定新的企业年金办法，在机关事业单位建立职业年金制度；2018 年又进行了个人税收递延型商业养老保险的试点，探索发展“第三支柱”养老金。

（2）医疗保障：完善全民医保体系。一是整合城乡居民医疗保险制度。从 2016 年起，推动各地将新农合与城居医保归并为统一的城乡居民基本医疗保险制度（以下简称居民医保）。二是整合医疗保障管理体制。2018 年改革政府机构，国务院和各级地方政府分别组建医疗保障局，统一管理城乡各项医疗保险、医疗救助、医药服务价格和药品、医用耗材招标采购。三是建立城乡居民大病保险制度。2015 年在全国全面施行，着力降低罹患重特大疾病的

表 1-3　新时代社会保障领域改革发展的重大举措

年度	重大举措	功能和意义
2013	制定养老保险改革总体方案	全局和长远的顶层设计
2014	改革机关事业单位养老保险制度	结束“双轨制”
	新农保、城居保合并为城乡居保制度	统筹城乡社会保障体系建设
	实现职工与城乡居民养老保险关系衔接	维护参保人连续性权益
	颁布《社会救助暂行办法》	统一、规范救助制度
2015	实施全民参保计划	提高制度公平可及性
	基本养老保险基金市场化投资运营	开辟保值增值新渠道
	全面实施城乡居民大病医疗保险	兜住基本医保底线
2016	颁布《全国社会保障基金条例》	依法管理战略储备基金
	探索建立长期护理保险制度	开展应对老龄化行动
	启动实施金保工程二期建设项目	提升社会保障信息化水平
2017	划转国有资本充实社保基金	开辟社会保障筹资新渠道
	实现基本医保异地就医住院费用即时结算	适应人口流动性需求
	失业保险基金援企稳岗成为长期稳定政策	支持就业优先战略
	颁布《残疾预防和残疾人康复条例》	加强残疾人保护
2018	建立企业职工养老保险基金中央调剂制度	为全国统筹奠定基础
	开展个人税收递延型商业养老保险试点	养老保险第三支柱破冰
	统一城乡居民医保制度和医疗保障管理体制	统管医保和医药价格
2019	全面推进生育保险和职工医疗保险合并实施	增强共济，提高效率
	综合降低社会保险费率	新常态下为企业减负

居民家庭医疗费用“灾难性”支付负担。四是实现异地就医住院费用直接结算。2017 年建成全国联网运行的结算平台，对参保人跨统筹地区住院医疗费用实行直接结算。五是深化医保支付方式改革，全面实行以总额预算为基础，

门诊按人头付费，住院按病种、按疾病诊断相关分组（DRGs）、按床日付费等多种方式相结合的付费方式。

（3）职业性风险保障：更加积极的政策取向。在工伤保险方面，2015 年调整费率政策，细化行业分类，增加费率档次，强化费率浮动机制；开展以建筑业农民工参保为重点的专项推进行动；2017 年制定实施工伤保险基金支持工伤预防的政策。在失业保险方面，失业保险基金更多转向预防和减少失业的用途。配合供给侧结构性改革，2014 年以后对未裁员或少裁员的企业支付稳岗补贴；围绕实施国家技能强国战略，2017 年以后对符合条件的企业职工给予技能提升补贴；针对中美贸易摩擦对就业局势的影响，2019 年对符合规定条件的参保企业适当返还失业保险费。在生育保险方面，合并实施生育保险和职工基本医疗保险制度，在前期试点基础上，2019 年 3 月后全面推进，进一步规范政策，增强基金统筹共济能力。

（4）非职业性风险保障：对重点群体推行普惠政策。一是健全社会救助制度。2014 年 5 月开始施行新的《社会救助暂行办法》，包括最低生活保障、特困人员供养、受灾人员救助、医疗救助、教育救助、住房救助、就业救助、临时救助八大类制度。二是开展长期护理保险试点。2016 年在 15 个城市进行试点，探索建立专项社会保险制度，通过互助共济，对失能老年人提供基本生活照料和相关医疗护理服务，2019 年国务院决定扩大这项试点。三是加强残疾人保障。2017 年，国务院颁布《残疾预防和残疾人康复条例》，加强残疾人医疗保障，建立残疾儿童康复救助制度，完善重度残疾人护理补贴制度，为贫困残疾人提供基本康复服务。

（5）综合性举措：立足当前，着眼长远。一是全面实施全民参保计划。2016 年至 2020 年的国家“十三五”规划确定目标是基本实现法定人员全覆盖。二是有计划地降低社会保险费率。2015 年首先从失业、工伤、生育保险入手降低企业缴费比例；2019 年国务院发布《降低社会保险费率综合方案》，统筹降低各项社会保险费率并调整缴费工资基数，为减轻企业负担、促进实体经济发展创造更有利条件。三是划拨部分国有资本充实社保基金。2017 年 11 月，国务院印发实施方案，明确了划拨国有资本的范围、方式、比例和要求，开辟了社会保障基金筹资的更广阔渠道。四是加强社会保障基础建设。2016 年启动实施金保工程二期建设项目，推进跨区域、跨部门网络对接和信息共享，进一步提升社会保障信息化水平。2017 年提出建立全国统一的社会保险公共服务平台，逐步实现各项社会保险事务全国一网通办、同质化服务。

进入新时代，社会保障领域改革发展显现出如下突出特点。

一是重大举措出台密集而且力度很大。最典型的是企业与机关事业单位退休保障“双轨制”矛盾，医疗保障城乡分割、分散管理问题，社会保险费率偏高、一些企业和群体反映缴费负担过重等，都曾是社会热点和政策难点，近几年在充分论证和实践的基础上一举突破，确实解决了许多长期想解决而没有解决的难题，办成了许多过去想办而没有办成的大事。

二是改革愈益凸显出总体性、系统性。如统一城乡居民基本养老保险、基本医疗保险制度，合并实施职工医疗保险和生育保险等举措，大大增强了相关制度的完整性，也提高了管理效率。全面实施全民参保计划，金保工程二期建设推进全国联网和跨部门信息共享，实行各项养老保险关系转续衔接和医保跨地区住院就医联网结算等举措，增强了全国社会保险的一体化、社会公平性和公共服务的便捷性。

三是社会保障体系建设的前瞻性更强。突出体现在果断实行企业职工基本养老保险基金中央调剂制度、划拨部分国有资本充实社保基金、综合降低社会保险费率等重大举措方面，从机制上、资源上、基础环境上为中国社会保障体系乃至经济社会长期可持续发展蓄力。

第二节　中国社会保障的体系架构和管理体制

一、中国社会保障体系的基本框架

中国现行的社会保障体系包括社会保险、社会救助、社会福利、优抚安置（见表 1-4），也涉及住房保障、商业保险、慈善事业。

（一）社会保险

社会保险在中国社会保障体系中处于核心地位。除正在试点的长期护理保险外，各项社会保险制度均依据《社会保险法》，多渠道筹资，建立专项基金，实行社会统筹互济。其中适用于城镇单位及其职工的基本社会保险依法强制施行，涉及城乡居民的基本养老保险、基本医疗保险在政府组织和财政补贴引导下自愿参加。在参加基本社会保险基础上，政府通过税收优惠政策，推动城镇单位为职工建立补充养老保险、补充医疗保险；同时为城乡居民建立了大病保险制度。

（二）社会救助

社会救助属于普遍保障制度，由各级政府预算安排专项资金，主要对城乡贫困或特定困难群体实行经济援助，保障方式有现金给付和提供相关服务等，通常设定受助者经济状况条件。社会救助具体包括八项救助制度（见表 1-4）。

（三）社会福利

社会福利的对象是老年人、孤儿、残疾人，通过福利机构向特定群体提供保障服务。对孤寡老人，少量入住专业养老机构，更多采用居家为主、社

表 1-4　中国社会保障体系基本框架

类型	属性	制度	适用范围
社会保险	基本保险	养老：职工基本养老保险 城乡居民基本养老保险	城镇单位及其职工 城乡居民
		医疗：职工基本医疗保险 城乡居民基本医疗保险	城镇单位及其职工 城乡居民
		工伤保险	企事业单位及其职工
		失业保险	企事业单位及其职工
		生育保险	城镇单位及其职工
		长期护理保险（试点）	城乡老年失能人员
	补充保险	养老：企业年金 职业年金	企业及其职工 机关事业单位及其职工
		医疗：公务员医疗补助 补充医疗保险（大额医疗费补助） 居民大病医疗保险	公务员及参公管理人员 企事业单位及其职工 城乡居民
社会救助	普遍保障	最低生活保障	城乡居民
		特困人员供养（农村五保供养）	城乡“三无”人员
		受灾人员救助	遭受自然灾害地区人员
		医疗救助	低保家庭、特困人员等
		教育救助	低保家庭、特困人员等
		住房救助	低保家庭、特困人员等
		就业救助	低保家庭中的失业人员
		临时救助	遭遇重大意外事件家庭
社会福利	普遍保障	老年人福利	孤寡老年人
		儿童福利	孤残儿童
		残疾人福利	残疾人
优抚安置	普遍保障	烈士褒扬和遗属抚恤	烈士及其遗属
		军人抚恤优待	伤残军人、军人遗属等
		军人保险	军人及随军配偶

区服务的方式，推进社会福利社会化。对孤残儿童，不仅要保障基本生活，还要保障医疗康复和义务教育。对残疾人，除了基本生活、医疗康复等基本保障外，还设有福利企业，以及规定各用人单位的残疾人就业比例，要求必须吸纳有一定劳动能力的残疾人就业，全面维护其参与社会生活的权益。

（四）优抚安置

优抚安置的对象是军人及其家属。政府对烈士予以褒扬，对烈士遗属、牺牲病故军人遗属、伤残军人实行国家抚恤；对复员军人生活困难的，实行定期定量生活补助；对义务兵家属普遍发放优待金；残疾军人等重点优抚对象享受医疗、住房、交通、教育、就业等方面的社会优待。2012 年颁布施行的《中华人民共和国军人保险法》，规定设立军人保险基金，对军人伤亡给予保险待遇，对军人退役及随军未就业的军人配偶参加地方养老保险、医疗保险给予补助。

（五）商业保险

商业保险与社会保障体系关联和衔接。一方面，政府通过税收优惠政策，鼓励个人购买储蓄型养老保险、健康保险产品，满足不同群体的保障需求，正在试点的个人税收递延型商业养老保险即属其一；另一方面，允许商业保险机构参与经办居民大病保险、长期护理保险等社会保险项目，充分利用商业保险机构的社会服务网点和专业经验等资源。

此外，中国政府大力发展慈善事业，支持和鼓励社会团体、社会成员的慈善捐赠和社会互助。

二、中国社会保障管理体制

（一）70 年管理体制沿革

在中国社会保障发展的第一阶段，多个政府部门和社会组织参与社会保障管理。劳动保险制度以中华全国总工会为全国最高领导机关，各级工会组织负责实施；中央人民政府劳动部为全国最高监督机关，各级劳动行政机关监督劳动保险基金的缴纳情况，检查业务执行情况，并处理有关申诉。公职人员福利保障工作由政府人事主管部门负责。内务部负责社会救济、社会福利、优抚安置工作。“文化大革命”期间许多政府机构被撤销，相关工作移交国家计委、财政部等部门管理。公费医疗和农村合作医疗则始终由各级政府卫生部门管理。

在中国社会保障发展的第二阶段，企业及其职工的社会保险工作由政府劳动行政部门主管，机关事业单位福利保障和转业军官安置工作由政府人事部门主管，社会救济、社会福利、优抚安置工作以及在这一时期兴起的农村社会养老保险工作由政府民政部门主管，公费医疗仍由卫生部门主管。此外，国家和各级经济体制改革委员会（以下简称体改委）负责统筹各项社会保障改革工作。在 1998 年的政府机构改革中，在劳动部基础上组建劳动和社会保障部（以下简称劳动保障部），将机关事业单位养老保险、农村社会保险、公费医疗及国家体改委的相关职责移交劳动保障部，初步实现了各项社会保险的统一集中管理。2000 年设立的全国社会保障基金由全国社会保障基金理事会管理，国务院指定财政部、劳动保障部监管。这一阶段社会保险管理体制调整的另一项举措是，将铁路、电力等行业一度实行的职工养老保险行业统筹移交给省级地方政府实行属地管理。

在中国社会保障发展的第三阶段，新建立的新农合由卫生部门主管，城居医保由劳动保障部门主管。在 2008 年的政府机构改革中，劳动保障部与人事部合并组建人力资源和社会保障部（以下简称人力资源社会保障部），除了承续两部门各项社会保障管理职能外，还管理新建立的新农保和城居保。民政部除原有的社会保障管理职能外，新增加了管理城乡医疗救助的职责。

进入新时代，中国社会保障管理体制再度调整。在2018年的政府机构改革中，成立国家医疗保障局和各级政府医疗保障部门，原来由各部门分别管理的医疗保险、医疗救助以及发展改革部门承担的与医疗保障相关的职责，统一交由医疗保障部门集中管理。同时组建退役军人事务部，原来由民政部门承担的退役军人优抚安置职责和人力资源社会保障部门承担的转业军官安置职责，交由这个新部门统一管理。

（二）社会保障现行管理体制

1. 行政管理体系

目前中国社会保障相关工作由各级政府行政部门分别管理：人力资源社会保障部门管理职工和城乡居民养老保险、职工工伤保险、失业保险；医疗保障部门管理职工医保和生育保险、城乡居民医保、医疗救助、医药服务价格和药品、医用耗材招标采购；民政部门管理城乡低保、特困人员供养等社会救助，以及社会福利和慈善事业；退役军人事务部管理退役军人优抚安置工作。全国社会保障基金理事会由国务院直属单位改为财政部管理。此外，财政部门参与制定社会保障相关政策，负责社会保障预算资金安排和基金专户管理，国家税务机关负责征收各项社会保险费。

2. 经办管理服务体系

社会保险的经办管理服务由各级政府设立的社会保险经办机构（以下简称社保机构）负责，社保机构依社会保险项目不同分别隶属人力资源社会保障部门和医疗保障部门；经政府批准，社保机构可以设立分支机构，目前在城市街道、乡镇普遍设立了社会保障服务站，在城市社区和农村的行政村聘请人员协助办理社会保险相关事务。城乡低保、特困人员救助等社会救助工作，由县乡基层政府和城镇街道的政府派出机构具体办理，城市居民委员会和农村村民委员会协助办理相关事项。所有经办费用均由政府预算拨款安排，不在所管理的资金中提取管理费。

3. 监督体制

横向上，以政府主管部门为主监督社会保障制度运行和基金管理状况，各级人大、财政部门和审计机关都有权实施监督检查；纵向上，上级政府及其主管部门有责任和权力监督下级政府及其主管部门的社会保障管理情况。对市场化投资运营的社会保险基金，以社会保险行政部门为主进行监管，银行、保险、证券等金融监督部门依据各自职责对市场机构进行监管。政府通过各种方式积极推进对社会保障制度和基金的社会监督，维护公众的知情权、参与权和监督权。

（三）社会保障管理的央地关系

中国的社会保障总体上采取中央政府和地方政府分级负责的管理架构。中央政府制定各项社会保障制度的基本政策、标准和程序，同时赋予省级地方政府根据实际情况、在一定范围和限度内调整相关标准和制定具体实施办法的权力，以适应中国地域广阔、各地区发展差异大的特点。

第三节　中国社会保障的主要发展成就

中华人民共和国社会保障体系建立70年来，通过不断改革和规范发展，取得了显著成就，有效保障和改善了民生，使全体中国人民共享经济社会发展成果，促进了社会公平正义和经济社会协调发展。

一、初步建成比较完整的社会保障体系

《中华人民共和国宪法》规定，国家建立健全同经济发展水平相适应的社会保障制度；公民在养老、疾病或者丧失劳动能力的情况下，有从国家和社会获得物质帮助的权利；国家发展为公民享受这些权利所需要的社会保险、社会救济和医疗卫生事业。

依据宪法，国家相继制定多部法律。其中社会保险法、军人保险法、残疾人保障法、慈善法等属于直接的社会保障法律，劳动法、老年人权益保障法、妇女权益保障法、未成年人保护法、职业病防治法等法律也有许多规范涉及社会保障。2014 年 4 月，第十二届全国人大常委会关于《中华人民共和国刑法》第二百六十六条的解释专门确认，以欺诈、伪造证明材料或者其他手段骗取养老、医疗、工伤、失业、生育等社会保险金或者其他社会保障待遇的，属于刑法第二百六十六条规定的诈骗公私财物的行为。

依据宪法和法律，国务院先后颁布有关社会保障的多部行政法规、重要决定和政策规定；有关部门也制定多项部门规章和政策标准；许多地方立法机构和政府依据法律和行政授权，颁布了本地区有关社会保障的实施条例或行政规章。

这些法律法规和政策制度构成中国社会保障体系的骨干框架，涉及社会保障的各个领域，基本覆盖了国际通行的社会保障的各种项目（见表 1–5）。

表 1–5　中国社会保障有关法律法规

重要法律		
法律名称	制定、修订时间	涉及社会保障的主要内容
中华人民共和国残疾人保障法	1990 年颁布，2018 年修正	残疾人医疗、康复等权益保障
中华人民共和国未成年人保护法	1991 年颁布，2012 年修正	流浪乞讨未成年人救助

续表

重要法律		
法律名称	制定、修订时间	涉及社会保障的主要内容
中华人民共和国妇女权益保障法	1992 年颁布，2018 年修正	维护妇女社会保障权益
中华人民共和国劳动法	1994 年颁布，2018 年修正	规定城镇职工五项社会保险
中华人民共和国老年人权益保障法	1996 年颁布，2018 年修正	老年人养老、医疗等权益保障
中华人民共和国职业病防治法	2001 年颁布，2018 年修正	职业病保障待遇
中华人民共和国社会保险法	2010 年颁布，2018 年修正	规范城乡各项社会保险制度
中华人民共和国军人保险法	2012 年颁布	军人伤亡和退役养老、医疗等待遇
中华人民共和国慈善法	2016 年颁布	规范慈善和社会公益活动

重要行政法规	
法规名称	颁布时间
失业保险条例	1999 年颁布
社会保险费征缴暂行条例	1999 年颁布
城市居民最低生活保障条例	1999 年颁布
工伤保险条例	2003 年颁布，2010 年修订
军人抚恤优待条例	2004 年颁布，2011 年修订
农村五保供养工作条例	2006 年颁布
烈士褒扬条例	2011 年颁布，2019 年修订
社会救助暂行办法	2014 年颁布
全国社会保障基金条例	2016 年颁布
残疾预防和残疾人康复条例	2017 年颁布

二、世界上覆盖人口规模最大的社会保障计划

中国是世界人口第一大国，但过去受经济社会发展水平限制，社会保障制度比较滞后。改革开放以来，各项社会保险制度陆续建立，覆盖范围逐步扩大，从最初局限于国有企业扩大到各类用人单位，从单位从业人员扩大到城镇个体工商户和城镇各种灵活就业人员，一些社会保险项目从城镇职工扩大到城乡居民。最低社会保障、社会救助等普遍援助计划覆盖城乡，对社会困难群体建立起兜底性的“社会安全网”。以社会保险制度为例，至 2018 年年底，全国参加基本养老保险 9.43 亿人（其中职工养老保险 4.19 亿人，城乡居民养老保险 5.24 亿人），有超过 2.8 亿人按月领取基本养老金，基本实现所有老年人都享有养老保险；参加基本医疗保险 13.45 亿人（其中职工医保 3.17 亿人，城乡居民医保 10.28 亿人），占全国总人口的 95% 以上，基本实现全民医保；参加工伤保险 2.39 亿人，参加失业保险 1.96 亿人，参加生育保险 2.04 亿人。[①] 无论是从总量上看还是从分项上看，都是世界上覆盖人数最多的社会保障计划。

三、保障水平随经济社会发展逐步提高

中国长期处于社会主义初级阶段，保障和改善民生必须坚持尽力而为、量力而行的方针，提高社会保障水平的基本原则是与经济社会发展水平相适应，综合考虑物价变化、职工工资和居民收入增长情况等因素，并在社保基金、财政能力及社会各方面可承受的范围之内。2018 年，全国各项社会保险基金总支出 6.72 万亿元，比 2012 年的 2.33 万亿元增长 1.9 倍，使参保人群的基本生活得到保障和改善。在养老保险方面，国家自

① 人力资源社会保障部及国家医疗保障局 2018 年统计公报。

2005年以来，连年提高企业退休人员基本养老金标准，2016年以后统筹安排全国机关和企事业单位退休人员待遇标准的调整，并初步建立了定额增加、与既有待遇挂钩增加、向重点群体倾斜的结构式调整机制。对城乡老年居民，2014年和2018年国家两次统一提高基础养老金最低标准，并授权地方政府可在此基础上适当提高标准。在医疗保障方面，提高待遇水平的方式包括逐步扩大药品目录、诊疗项目等基本医疗保险基金支付的范围，适当降低医疗费用中个人自付比例，执行与城乡居民人均收入水平挂钩的医保基金支付最高限额等，还提高了居民大病保险基金对重特大疾病患者医疗费用的支付比例。在工伤保险方面，工亡待遇标准实行随全国城镇居民人均可支配收入“水涨船高”的挂钩机制，目前每年有200万人左右享受各种工伤保险待遇。在失业保险方面，全国每年享受失业保险待遇人数保持在220万～230万人，失业保险金水平按各地最低工资标准的90%挂钩调整，并先后增加了为失业人员代缴医疗保险费、提供职业培训和职业介绍补助金等项目。城乡低保、社会救助水平也稳步提高。社会保障水平的逐步提高不断增强着人民群众的获得感和安全感；特别是对贫困群体的基本保障和专项援助，与国家脱贫攻坚目标紧密结合，减少了贫困发生率，也为全球减贫事业做出了显著贡献。

四、社会保障基金实力不断增强

改革开放以来，特别是进入21世纪后，中国政府一方面加大对社会保障的财政投入，另一方面拓展和规范多元化筹资渠道，各项社会保障基金收入持续增长，在保证按时足额支付法定对象待遇的基础上，基金累计结存也不断增加，丰厚了社会保障制度可持续发展的物质基础。2018年，全国五项社会保险基金总收入7.93万亿元，其中五分之一左右来自政府财政补助资金；

基金累计结余 8.98 万亿元，比 2012 年增长 1.36 倍。作为战略储备的全国社会保障基金累计权益达 1.8 万亿元，也比 2012 年增长 1.03 倍，其中大部分来自近 20 年的投资收益。同时，企业年金基金结存规模达到 1.48 万亿元，2014 年以后才建立的职业年金也积累了 4 930 亿元（见表 1–6）。中国政府不断完善社会保障基金监督机制，依法打击社保欺诈，减少跑冒滴漏，基金的安全性明显增强。

表 1–6　中国社会保障基金累计结存情况

亿元，%

分类	项目	2018 年	2012 年	增长
基本社会保险	养老保险	58 152	26 243	121.6
	医疗保险	23 440	7 644	206.6
	工伤保险	1 785	862	107.1
	失业保险	5 817	2 929	98.6
	生育保险	582	428	36.0
	合计	89 776	38 106	135.6
战略储备	全国社会保障基金	18 105	8 933	102.7
补充养老保险	企业年金	14 770	4 821	206.4
	职业年金	4 930	—	—
	合计	19 700	4 821	308.6
总计		127 581	51 860	146.0

资料来源：

①基本社会保险数据、补充养老保险数据引自人力资源社会保障部和国家医疗保障局统计公报，其中 2012 年医疗保险数据不包含新农合结余。

②全国社会保障基金数据引自全国社会保障基金理事会社保基金年度报告。

五、为参保人提供高效便捷的服务

改革开放后，伴随社会保障制度改革进程，从无到有地重建了社会保险经办管理服务体系。目前已经构建起中央、省、市、区（县）、街道（乡镇）五级服务网络，并向城乡社区延伸。金保工程一期、二期建设，极大提升了社保机构的规范化、标准化、信息化水平：通过业务流程再造，实行综合柜员制，简化、优化了办事程序；已经颁布施行34项国家和行业专项管理标准，积极推进规范化、同质化的公共服务；全国统一、联网运行的社会保险信息平台基本形成，社会保障卡发行近13亿张。以信息化为支撑，中国社会保险经办管理服务从粗放到精准，从手工操作到网上办理，全面实现地区间、不同制度间社会保险关系转移接续和异地就医住院费用即时结算，社会保险公共服务效能不断提升，为参保单位和个人提供了越来越方便快捷的服务。

第四节　中国社会保障领域的对外开放

改革开放是决定当代中国命运的关键一招。中国社会保障领域的发展建设，在持续深化改革的同时，也大力推进对外开放。通过多种形式的多边、双边交流合作，一方面虚心学习各国先进经验，作为完善我国社会保障体系的借鉴；另一方面积极与国际社会分享中国经验，共同探讨社会保障的发展前景。

改革开放以来，按照国家总体外交战略，中国政府有关部门加入了国际劳工组织、国际社会保障协会等多个有关社会保障的国际组织；在二十国集团、亚太经合组织、亚欧劳工部长会议、中国—东盟合作机制、中国—欧盟合作机制、金砖国家等多边平台上开展社会保障交流合作；与世界银行、国际货币基金组织、世界卫生组织、联合国开发计划署、亚洲开发银行等国际机构开展社会保障领域务实合作；与40多个国家政府有关社会保障管理部门建立对口交流合作关系。

2011年施行的《社会保险法》规定："外国人在中国境内就业的，参照本法规定参加社会保险。"同年，中国政府颁布《在中国境内就业的外国人参加社会保险暂行办法》，对外国人的参保范围、适用险种、待遇享受、经办流程等内容进行了明确和规范。各地政府细化措施、改进流程、优化服务、扩大宣传，依法逐步将在华就业的外国人纳入社会保险范围，参保人数稳步增加。

2000年，中国政府启动了与外国政府商签双边社会保障协定的谈判工作，于2001年7月首先与德国正式签署协定，解决了两国有关人员在对方国工作期间依法参保和避免双重缴费问题，维护了双方投资企业和人员的社会保障权益，也减轻了企业和人员的负担。至2018年年底，中国政府先后与经贸关系密切的20多个国家开展了双边社会保障协定谈判，已与其中12个国家签署了双边协定（见表1-7）。对协定已正式生效的国家，中国各级社保机

表1-7　中国与外国签订双边社会保障协定情况

签订年份	国家
2001	德国
2002	韩国
2013	丹麦
2014	芬兰
2015	加拿大、瑞士
2016	荷兰、法国
2017	西班牙、卢森堡
2018	日本、塞尔维亚

构按照协定提供经办服务，为中国外派人员提供参保缴费证明，接收有关国家来华人员参保证明并免除其相应险种缴费。

1994 年，中国政府社会保险主管部门（先后为劳动部、劳动保障部、人力资源社会保障部）加入国际社会保障协会（ISSA），成为正式会员。2004 年，中国政府承办了 ISSA 第 28 届全球大会，大会发表了《北京声明》，中国建议的“人人享受社会保障”的理念在声明中得到宣示。同年，中国政府首度发布《中国的社会保障状况和政策》白皮书，全面介绍了中国各项社会保障制度发展情况，向国际社会传递出中国加快完善社会保障体系的响亮声音。在 2012 年 ISSA 亚太地区会议上，中国以快速扩展医疗保险覆盖面而获得亚太地区“良好实践大奖”。在 2016 年举行的 ISSA 第 32 届全球大会上，国际社会保障协会向中国政府授予“社会保障杰出成就奖”（2014—2016），以表彰中国在扩大社会保障覆盖面工作中取得的卓越成就。

70 年来，中国社会保障制度在不懈探索中逐步发展壮大。特别是经历了 40 年的改革开放，中国社会保障体系建设呈现出全新面貌：在经济体制转轨中稳妥处理了大量历史遗留问题和新出现的社会矛盾，建立起适应市场经济运行、分散企业负担的新体制、新机制；伴随城镇化进程，快速扩大社会保障制度覆盖面，缩小城乡差距，化解流动性矛盾，促进社会公平正义；在数次地区性、全球性经济危机冲击和经济结构调整中，确保人民群众基本生活，发挥了社会安全网、经济调节器和社会稳定器的功能；预置应对人口老龄化战略，调整制度结构，开辟多元筹资渠道，形成越来越稳固的风险防控机制和资金储备基础。中国社会保障体系是中国经济、政治、文化、社会、生态文明五位一体建设总体布局的重要组成部分，其不断发展完善，正在并将越来越多地增进全体中国人民的福祉，在中国经济社会协调发展中发挥越来越重要的作用。

第二章
职工养老保险制度

老年经济保障制度的基本功能是为因年老而丧失稳定收入来源的社会成员提供基本生活保障，因其覆盖群体规模大、资金运行时间长，且与经济社会发展状况密切相关，在各国都是最重要的社会保障制度安排之一。

老年经济保障制度主要有三种模式。一是国家保障，又称为社会援助计划。基本特征是实行全民保障，只要符合规定的条件（如年龄、居住年限等）就可以享受特定经济援助，有些国家对所有老年人等额发放养老金（国民年金），有些国家则只对生活在最低标准线下的老年人给予补助；资金来源于国家一般税收，不要求享受者预先缴费；保障标准与申请人原有的收入水平不直接关联。二是社会保险。基本特征是由政府或法定机构组织用人单位或自由职业者参加，通过缴费建立基金并统筹使用；遵循权利与义务相对应原则，只有缴费才能享受相应待遇；待遇水平通常与在职收入或缴费水平、缴费年限成正比。三是储备基金。基本特征是政府强制为每个劳动者建立储蓄性养老金个人账户，将雇员或雇佣双方的缴费记入其中；储备积累的个人账户资金实行市场化投资运营；待遇水平取决于包括投资回报在内的个人账户积累额。此外还有雇主责任模式，由用人单位依法支付符合条件的退休人员的养老金，而不建立专项基金。

中国在城镇用人单位及其职工（包括灵活就业人员）范围内实行的老年保障模式是社会保险，称为职工基本养老保险制度。

第一节　中国职工养老保险制度的发展沿革

在1951年发布施行的《劳动保险条例》中就包含了养老待遇，当时称为“退职养老补助费”，是中国建立职工养老保险制度的起点。这个条例规定适用于职工人数达到一定规模的各类公私企业，而在实践中主要在国营企业及其职工范围内施行。养老补助费的资金来源于各企业缴费建立的劳动保险基金，支付标准为职工本人工资的50%～70%（依据工龄长短而不同），按月给付。1955年年底，国务院颁布国家机关工作人员退休处理办法，并确定各民主党派、人民团体和国家机关所属的事业费开支的单位都可以参照执行，从而形成了与劳动保险制度并行的、全国统一的机关和事业单位养老保障制度。当时规定达到规定年龄和工作年限的工作人员，可按月领取相当于本人工资50%～60%（1958年调整为50%～70%）的退休金，资金由政府预算列支。后来，劳动保险制度被终止执行，职工退休金改由所在企业自行负担，不再实行社会统筹。

1978年，国务院发布《关于安置老弱病残干部的暂行办法》和《关于工人退休、退职的暂行办法》，恢复此前中断的职工退休制度，并根据新的情况对退休年龄等相关政策作了修改完善。但无论是国家机关还是企事业单位，仍采取各单位自行负责职工退休养老的模式。

1984年，适应以城市为中心、以企业改革为重点的经济体制改革要求，各地开始试行企业退休费用社会统筹，由企业缴费建立统筹基金，保障退休人员的基本生活，同时为养老负担轻重不同的企业创造平等竞争的条件。在总结经验基础上，1991 年国务院发布《关于企业职工养老保险制度改革的决定》，在全国范围内重建社会化的企业职工退休养老制度，养老保险基金由国家、企业、个人三方共同负担，建立专项基金，实行社会统筹。1993 年进一步明确企业职工基本养老保险制度实行社会统筹与个人账户相结合的基本模式。经过几年统账结合不同办法的试验，1997 年统一了全国企业职工基本养老保险制度的基本政策；又经过在东北等地区进行的完善社会保障体系试点，2005 年国务院发布《关于完善企业职工基本养老保险制度的决定》，调整统账结合结构和个人账户规模，改革基本养老金计发办法，形成了稳定的执行至今的企业职工基本养老保险制度。

2015 年，国务院发布《关于机关事业单位工作人员养老保险制度改革的决定》，自 2014 年 10 月 1 日起，对机关事业单位及其工作人员改行同企业一样的、统账结合的养老保险制度，实行单位和个人缴费，建立专项基金，实行社会统筹，同时改革基本养老金计发办法，终结了近 60 年的雇主责任模式，也从制度上化解了“双轨制”矛盾，形成了机关和企事业单位统一的城镇职工基本养老保险制度。

中国职工基本养老保险制度改革是从市县起步的，在较长时间内存在基金统筹层次低、职工跨地区流动就业时养老保险关系转移接续不便的问题。针对地域分割的“碎片化”格局，2010 年首先就企业职工基本养老保险关系实行了跨省转移接续政策。随着城乡居民基本养老保险制度（见第三章）普及和机关事业单位养老保险制度改革，逐步完善了跨制度、跨城乡、跨地区的养老保险关系转移接续和衔接政策。与此同时，大力推进提高统筹层次，目前各省级地区都建立了职工养老保险基金全省统收统支制度或全省调剂制度，从 2018 年起在全国范围内建立了中央调剂制度。

中国职工基本养老保险自 2010 年起建立了逐步规范的预算管理制度，在确保基本养老金支付的基础上每年留有一定结余资金；从2015年起，对各地累计结余的基金由中央委托专业机构统一进行市场化、多元化投资运营，所得收益计入基本养老保险基金。

在改革完善职工基本养老保险制度的同时，中国政府大力推进多层次养老保险体系建设，先后建立了企业年金和适用于机关事业单位及其职工的职业年金制度；2018年还开展了个人税收递延型商业养老保险的试点。

中华人民共和国职工养老保险制度已经有了70年的发展历史，特别是经历了40多年的改革开放，制度模式基本定型，覆盖范围持续扩大，待遇水平稳步提高，管理服务不断完善，对保障和改善退休人员基本生活、维护社会公平与稳定发挥了重要作用。

第二节　职工基本养老保险制度覆盖范围

中国职工基本养老保险的覆盖范围是随着改革深化、制度发展不断扩大的。改革开放之初只适用于国有企业、集体企业及其正式职工。随着多种所有制经济的兴起，1999年扩大到外商投资企业、城镇私营企业、其他城镇企业和实行企业化管理的事业单位及其职工；2005年完善制度时，针对大批企业下岗职工灵活就业的情况，又扩大到城镇个体工商户和灵活就业人员；2008年进一步将社会组织专职工作人员纳入覆盖范围；2014年实施机关事业单位养老保险制度改革后，将机关事业单位工作人员纳入参保范围。依据《社会保险法》及相关法规、政策规定，职工基本养老保险属于强制性参加的养老保障计划，现行规定的参保单位及人员包括以下几类。

一、各类城镇用人单位及其职工

用人单位包括国家机关、各民主党派和人民团体、各类企业事业单位、民办非企业单位，有雇工的城镇个体工商户也属于用人单位。职工涵盖法定参保单位的所有工作人员，包括与这些用人单位签订劳动合同的进城务工的农村居民；城镇个体工商户的雇工也属于这一范围。这是制度覆盖的主要群体，通常采取按用人单位组织参保的方式。

二、无雇工的个体工商户、未在用人单位参加基本养老保险的非全日制从业人员以及其他灵活就业人员

这一群体的就业和收入具有不稳定性，通常以个体的方式参保。

三、在中国境内就业的外国人

在中国境内就业的外国人是指依法获得“外国人就业证”“外国专家证”“外国常驻记者证”等就业证件和外国人居留证件，以及持有“外国人永久居留证”、在中国境内合法就业的非中国国籍的人员。在中国境内依法注册或者登记的经济和社会组织依法招用外国人，应当依法参加职工基本养老保险；但与中国签订了双边社会保障协定的国家的在华就业人员，按照协定的规定执行。

实践中，中国政府针对历史遗留的突出矛盾，采取专项措施，先后将集体所有制企业未参保的退休人员、家属工和“五七工”（系计划经济时期国营企业职工家属参加生产劳动的群体）等500多万人纳入职工基本养老保险覆盖范围。

至2018年年底，全国城镇职工基本养老保险参保人数达4.19亿人，比

2012 年增长 38%，覆盖面明显扩大；其中，职工 3.01 亿人，增长 31%，离退休人员 1.18 亿人，增长 58%（见图 2-1）。

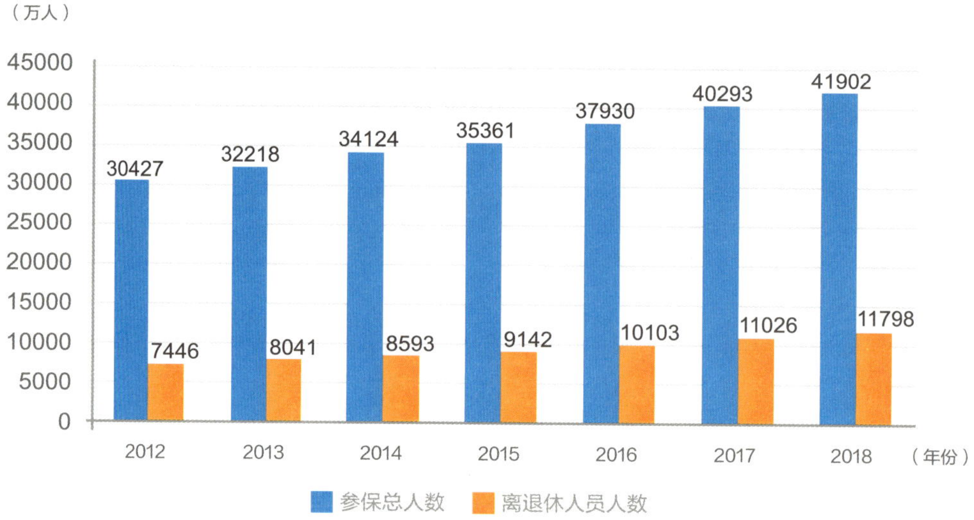

图 2-1　2012—2018 年城镇职工基本养老保险参保人数

资料来源：人力资源社会保障部历年统计公报。

第三节　职工基本养老保险筹资

《社会保险法》规定，职工基本养老保险基金由用人单位和个人缴费以及政府补贴等组成。在实际执行中，主要有三个筹资渠道。

一、缴费

（一）用人单位缴费

用人单位按照国家规定缴纳基本养老保险费，记入基本养老保险统筹基金。用人单位缴费基数为本单位职工工资总额，包括计时工资、计件工资、奖金、津贴和补贴、加班加点工资及特殊情况下支付的工资。在实际操作中，核定用人单位缴费基数可以是本单位职工工资总额，也可以是本单位职工个人缴费基数之和。用人单位缴纳基本养老保险费的比例（费率），2005 年的规定是一般不超过本企业工资总额的 20%，具体比例由省级地区政府确定；少数省级地区因离退休人数较多、养老保险负担过重而确需超过 20% 的，应报国务院有关主管部门审批。2015 年以来，中央政府多次阶段性降低用人单位费率，特别是 2019 年实施《降低社会保险费率综合方案》，规定从 2019 年 5 月 1 日起，各地职工基本养老保险单位费率高于 16% 的可降至 16%。目前，除个别省份外，费率均降至 16%；个别省份（如广东、浙江）计划将省内现行费率低于 16% 的地区，分年逐步提升至 16%。可以预见，中国职工基本养老保险的单位费率在总体降低的基础上，将逐渐趋于全国统一。

（二）个人缴费

自 1991 年起全国即统一规定，企业职工参加基本养老保险，个人应当缴费。当时规定个人缴费从本人工资的 2% 起步，逐步提高到 8%。这一目标在 2005 年全面实现。后来制度覆盖范围扩大，新加入的各类社会组织以及机关事业单位工作人员也都执行同样规定。现行政策规定的个人缴费基数是职工本人工资（不包括按国务院有关规定颁发的创造发明等奖金、职工生活困难补助等福利、劳动保护的各项支出等），但有上下限——当职工本人工资高于当地职工平均工资 3 倍时，缴费基数按当地职工平均工资的 3 倍计算，超出部分不作为缴费基数，不计缴养老保险费；当职工本人工资低于当地职工平均工资 60% 时，则按当地职工平均工资的 60% 计算缴费基数。这一调整有助于彰显社会保障作为收入再分配手段更加注重公平的价值取向。职工本人按缴费基数的 8% 缴费，全部记入其个人基本养老保险账户。

（三）个体灵活就业人员缴费

这个群体包括无雇工的个体工商户、未在用人单位参加基本养老保险的非全日制从业人员，以及其他灵活就业人员。考虑到这一群体收入不稳定的特点，因而将这些人员的基本养老保险缴费基数确定为当地上年度在岗职工平均工资（2005 年规定）；缴费比例为 20%，其中 8% 记入个人账户（与单位职工一致），其余 12% 记入统筹基金，比用人单位 20% 的费率低。

2019 年发布的《降低社会保险费率综合方案》，考虑到职工和个体灵活就业人员的实际收入状况，进一步完善了个人缴费基数的政策：一是所使用的工资统计口径由在岗职工平均工资（城镇非私营单位职工平均工资）改为各省以本省城镇非私营单位就业人员平均工资和城镇私营单位就业人员平均工资加权计算的全口径城镇单位就业人员平均工资；二是个体工商户和灵活就业人员参加企业职工基本养老保险，可以在这一口径平均工资的 60% ~ 300% 之间选择适当的缴费基数。这一政策调整，降低了部分参保人员特别是低收入群体的缴费负担，对个体灵活就业人员来说也更具弹性。目前，各省级地区都已将个人缴费基数调整为全口径城镇单位就业人员的平均工资，多数省份从 2019 年 5 月 1 日起实行，部分省份从 7 月 1 日起实行，也有一些省份前溯到 2019 年 1 月 1 日起实行。

关于职工基本养老保险个人账户，《社会保险法》规定：“个人账户不得提前支取，记账利率不得低于银行定期存款利率，免征利息税。个人死亡的，个人账户余额可以继承。”其中的个人账户记账利率，过去由各省级政府分别规定；2016 年后改为每年由国家统一公布，确定记账利率的主要依据是全国职工工资增长和基金平衡等状况。

二、财政补贴

《社会保险法》规定："县级以上人民政府在社会保险基金出现支付不足时，给予补贴。"又专门规定："基本养老保险基金出现支付不足时，政府给予补贴。"从 1998 年起，中央财政开始对中西部地区和老工业基地的企业职工基本养老保险基金给予适当补助，当时的补助金额只有几十亿元；此后补助项目扩大，补助金额逐年增加，2018 年中央财政补助金额达到 4 800 多亿元。一些地区也对本地职工基本养老保险投入了财政资金，特别是受中央财政补助的地区，在中央调剂制度平衡收支后仍有基金缺口的，由地方政府弥补不足。

在各级政府对职工基本养老保险基金给予的财政补助中，中央财政占了很大比重，这是有中国特定的历史背景的。在计划经济时期，企业退休人员少，国营企业的利润都上缴给国家用于经济建设，没有预留必要的养老保障储备资金。在经济体制转轨、人口老龄化加剧和实行养老保险制度改革后，中央政府对弥补历史遗留的基金缺口承担起主要责任。除此之外，中国政府还采取了多项立足长远的重大举措。如 2000 年建立了全国社会保障基金，通过财政拨款、福利彩票收益划拨一定比例等途径筹集资金，并通过投资运营实现保值增值。这项战略储备基金由全国社会保障基金理事会负责管理，资金规模从最初的 600 亿元增加到 2018 年年底的近 2 万亿元。又如 2017 年启动实施了划转部分国有资本充实社会保障基金的试点，划转比例统一确定为企业国有股权的 10%。这些未雨绸缪的重大举措，都为应对人口老龄化高峰期的迫近做了必要的财力储备。

三、基金投资收益

《社会保险法》规定："社会保险基金在保证安全的前提下，按照国务院规定投资运营实现保值增值。”在中国各项社会保险基金中，其他基金都遵循“以支定收、收支基本平衡”的筹资原则，唯独对养老保险基金规定“留有部分积累”，以备应对人口老龄化高峰的挑战。因而，法律规定的社会保障基金投资运营主要是基本养老保险基金。出于安全性的考量，中国政府一向对基本养老保险基金投资实行十分严格的管理，在很长时间内规定只能存入指定银行获取利息收入或购买国债，投资渠道狭窄，收益率较低。随着基金累计结余规模扩大，在广东省等基金积累较多的地区尝试了委托全国社会保障基金统一投资的办法，收益率明显提高。2015 年，中央政府作出重大决策，国务院颁布《基本养老保险基金投资管理办法》，决定将基本养老保险基金统一委托国务院授权的机构（目前暂委托全国社会保障基金理事会），按照市场化、多元化、专业化的原则开展投资。至 2018 年年底，全国已有 17 个省份确认委托投资 8 500 多亿元，实际归集到账 6 000 多亿元。这一举措拓宽了基本养老保险基金的投资领域，成为职工养老保险制度筹资的新渠道。

2018 年，全国职工基本养老保险基金总收入超过 5 万亿元，其中企业职工基本养老保险基金收入 3.74 万亿元，比 2012 年增长 104%；在全部收入中，缴费收入约占 80%，各级政府财政补助约占 15%，另有 5% 左右来自利息和委托投资等收入。2018 年，全国职工基本养老保险基金总支出约 4.46 万亿元，其中企业职工基本养老保险基金支出 3.15 万亿元，比 2012 年增长 125%，高于收入增幅，这与同期离退休人员增幅高于参保职工增幅是一致的；但由于基金收入基数扩大，2018 年年底基金累计总结存超过 5 万亿元，其中企业职工基本养老保险基金累计结存 4.78 万亿元，仍比 2012 年增长 108%，保持了稳定的支付能力（见表 2–1）。

表 2-1　2012—2018 年企业职工基本养老保险基金收支余情况

亿元

年度	基金收入	基金支出	基金结存
2012	18 363	14 009	22 968
2013	20 849	16 742	27 192
2014	23 305	19 847	30 626
2015	26 613	23 141	34 115
2016	28 693	25 865	36 970
2017	33 930	28 541	41 385
2018	37 392	31 501	47 761

资料来源：人力资源社会保障部统计资料。

第四节　职工基本养老保险待遇

职工基本养老保险待遇有基本养老金、病残津贴和遗属待遇三项。基本养老金是主要项目，国家统一确定计发办法和标准，并根据经济社会发展和各方面承受能力适时调整待遇水平。

一、享受职工基本养老保险待遇的条件

参加职工基本养老保险的个人都有享受基本养老保险待遇的权利，但只有同时满足两个条件的参保人才能按月领取基本养老金：一是达到法定退休年龄；二是缴费年限达到国家规定的最低年限，目前为 15 年。参保人达到法定退休年龄但累计缴费不足 15 年的，可以延长缴费至满 15 年后按月领取基

本养老金；也可以转入城乡居民基本养老保险，按规定享受相应的养老保险待遇；或者终止职工基本养老保险关系，其个人账户全部储存额一次性支付给本人。

关于法定退休年龄，分三类情形规定。

（1）正常退休年龄。目前仍执行1978年国务院颁发的《关于安置老弱病残干部的暂行办法》和《关于工人退休、退职的暂行办法》的规定，即男职工年满60周岁、女干部（管理人员）年满55周岁、女工人（一线生产人员）年满50周岁。对城镇个体工商户等自谋职业者以及采取各种灵活方式就业的人员，2001年国务院社会保险行政部门规定为男年满60周岁、女年满55周岁。

（2）提前退休年龄。从事井下、高空、高温、特别繁重体力劳动或者其他有害身体健康工作的工人及符合相同工作条件的基层干部，男年满55周岁、女年满45周岁，且连续工龄满10年的可以退休，称为特殊工种提前退休。同时规定，因病或非因工致残的职工，由医院证明完全丧失劳动能力，并经省级以上劳动能力鉴定委员会确认的，男年满50周岁、女年满45周岁可以退休，称为因病提前退休。因工致残的按照工伤保险办法处理。

（3）延迟退休。1983年国务院规定，对少数高级专家，确因工作需要，身体能够坚持正常工作，征得本人同意并经批准后，其离退休年龄可以适当延长：副教授、副研究员以及相当这一职称的高级专家，最长不超过65周岁；教授、研究员以及相当这一职称的高级专家，最长不超过70周岁；学术上造诣高深、在国内外有重大影响的杰出高级专家，可以暂缓离休退休。

二、基本养老金的计发办法

中国职工基本养老保险制度采取社会统筹与个人账户相结合的模式，与此相对应，基本养老金也分为由统筹基金支付的基础养老金和由个人账户支付的个人账户养老金两部分；又鉴于职工基本养老保险制度改革前，职工没有缴费并建立个人账户，因而对改革前参加工作、改革后退休的参保职工加发过渡性养老金，过渡性养老金由统筹基金支付。

（一）基础养老金

基础养老金计发公式为：

基础养老金月标准 =（当地上年度在岗职工月平均工资 + 本人指数化月平均缴费工资）÷ 2 × 缴费年限 × 1%

这个计发办法包含三个含义：其一，基础养老金水平与职工缴费时长相关，每多缴费一年，约增加一个百分点的权益，体现长缴多得；其二，职工本人缴费水平在计算权益的工资基数中占有一半权重，即缴费工资基数高于社会平均值的职工可以获得更多的基础养老金，体现多缴多得；其三，计算权益的工资基数体现更加注重公平的原则，防止待遇差距过大。

（二）个人账户养老金

个人账户养老金计发公式为：

个人账户养老金月标准 = 本人个人账户累计储存额 ÷ 计发月数

个人账户累计储存额包括个人缴费本金和利息等。计发月数是国家根据职工退休时城镇人口平均预期寿命、本人退休年龄、记账利息等因素统一确定的。目前执行的标准见表 2-2。

这个计发公式和计发月数表体现的政策导向是：退休越早，计发月数越大，个人账户养老金水平相对较低；退休越晚，计发月数越小，个人账户养老金越多。国家将根据人口预期寿命等情况变化，按照精算平衡的原则，适时调整个人账户养老金计发月数表。

表 2-2 个人账户养老金计发月数表

退休年龄	计发月数	退休年龄	计发月数	退休年龄	计发月数
40	233	51	190	62	125
41	230	52	185	63	117
42	226	53	180	64	109
43	223	54	175	65	101
44	220	55	170	66	93
45	216	56	164	67	84
46	212	57	158	68	75
47	208	58	152	69	65
48	204	59	145	70	56
49	199	60	139		
50	195	61	132		

个人账户养老金从参保人员个人账户储存额中列支，包括退休后调整的养老金。当个人账户储存额支付至零后，其个人账户养老金从统筹基金中列支。

（三）过渡性养老金

中国职工养老保险制度改革采取“老人老办法、新人新制度、中人逐步过渡”的稳妥策略。改革前已经退休的“老人”继续执行原待遇标准，并按国家统一规定调整养老金水平；改革后参加工作的“新人”执行统一的缴费和养老金计发办法；改革之前参加工作、改革后退休的人员称为“中人”，除按统一政策缴费和计发养老金外，其改革前符合国家规定的连续工龄（工作年限）作为视同缴费年限，另外计发过渡性养老金。计发公式为：

过渡性养老金月标准 = 本人指数化月平均工资 × 视同缴费年限 ×
确定的计发系数

计发系数的取值范围为 1.0% ~ 1.4%，由各省级地区根据实际情况测算提出，经中央主管部门综合平衡后确定。设置过渡性养老金，有助于保证新旧制度的平稳衔接和改革前后退休人员待遇水平的基本平衡。

基本养老金实行社会化发放。由社会保险经办机构统一负责，委托银行、邮局以及依托社区和其他社会机构，向参加职工基本养老保险并符合按月领取基本养老金条件的退休人员发放基本养老金。省级政府对基本养老金支付承担最终责任，通过依法征收基金、规范保值增值、加大财政投入等措施确保退休人员按时足额领到基本养老金。

三、基本养老金的调整

《社会保险法》规定，国家建立基本养老金正常调整机制，根据职工平均工资增长和物价上涨情况，适时提高基本养老保险待遇水平。从 2005 年开始，中国政府连续 15 年调整退休人员基本养老金水平，2005—2007 年调整比例分别为工资增长率的 60%、100% 和 70%，2008 年起连续 8 年调整比例为上年度平均养老金的 10%，2016—2019 年调整比例分别为上年度平均养老金的 6.5%、5.5%、5% 和 5%。

调整退休人员基本养老金的工作由国务院统一部署安排，基本步骤是：人力资源社会保障部和财政部根据职工平均工资增长和物价上涨情况，兼顾养老保险基金和财政等各方面承受能力，制定退休人员基本养老金调整方案，报经国务院审定；各省级政府根据国家统一要求，结合实际制定调整基本养老金的具体实施方案，经人力资源社会保障部和财政部审批后组织实施。近年来，调整基本养老金采取了“结构式”的方法，将调整分为三部分：第一部分是定额调整，同一地区各类退休人员增加同样额度，体现公平；第二部分是挂钩调整，与退休人员缴费年限、养老金水平等因素挂钩，延续长缴多得、多缴多得的激励因素；第三部分是重点倾斜，主要是照顾高龄退休人员。退休人员各年度调整增加的基本养老金，按其退休时个人账户养老金和基础养老金各占基本养老金的比例，分别从个人账户储存额和社会统筹基金中列支。

2018 年，全国企业退休人员月人均基本养老金近 2 600 元，比 2004 年增长 3 倍（见图 2-2），有效保障和改善了退休人员的基本生活，实现了适当分享经济社会发展成果的预期。

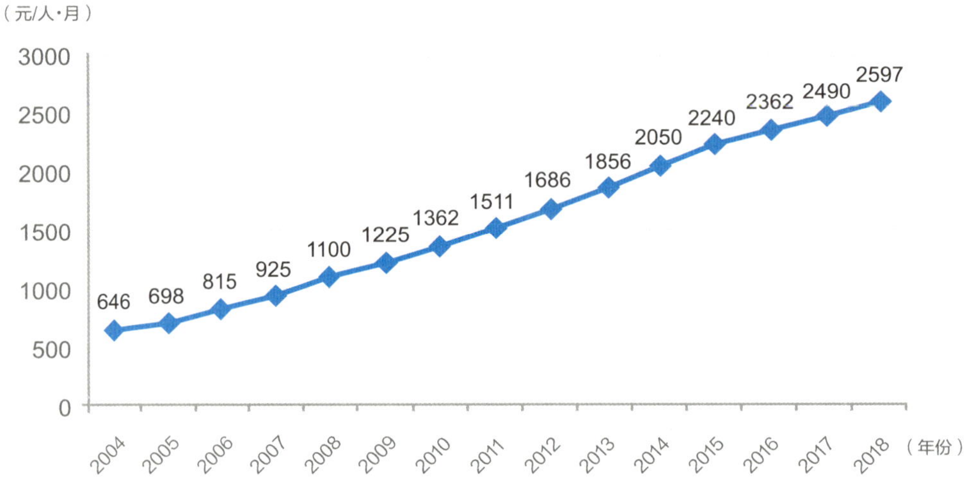

图 2-2　2004—2018 年企业退休人员基本养老金水平

资料来源：人力资源社会保障部统计资料。

关于遗属和职工病残待遇，《社会保险法》规定，参加基本养老保险的个人，因病或者非因工死亡的，其遗属可以领取丧葬补助金和抚恤金；在未达到法定退休年龄时因病或者非因工致残完全丧失劳动能力的，可以领取病残津贴。所需资金从基本养老保险基金中列支。目前，这方面待遇标准政策国家尚未统一。

第五节　养老保险关系转移接续

中国人力资源市场愈益成熟，劳动者就业流动性明显增强。中国现行养老保险体系是职工基本养老保险和城乡居民基本养老保险两大制度并行，在职工基本养老保险制度中，企业执行的制度与机关事业单位执行的制度又有具体政策的区别，因而在参保人员跨地区或转换单位就业时，需要及时妥善处理其基本养老保险权益转移接续问题。中国政府陆续制定了参保人员在各种流动就业情形下的养老保险转移接续政策，并在经办管理上实行全国统一的规范，确保参保人员的权益累计和实现。

一、企业职工基本养老保险跨统筹地区转移接续

国家统一规定，企业职工基本养老保险参保人跨省流动就业的，在新就业地建立职工基本养老保险关系后，将其在原参保地的职工基本养老保险关系转移到新就业地，其个人账户储存额随同转移，同时以本人各年度实际缴费工资为基数，按 12% 的总和转移统筹基金。对曾在两个及以上地区参保缴费的人员，在其达到待遇领取条件时，区别不同情况确定其基本养老金待遇领取地（见表 2-3），其有关基本养老保险待遇的计算均按领取地的办法执

表 2-3　有关职工基本养老保险待遇领取地的确定

<table>
<tr><th colspan="2">户籍地与最后参保地</th><th>办理待遇领取手续</th></tr>
<tr><td colspan="2">一致</td><td>户籍地</td></tr>
<tr><td rowspan="3">不一致</td><td>在最后参保地参保满 10 年</td><td>最后参保地</td></tr>
<tr><td>在最后参保地参保不满 10 年</td><td>上一满 10 年的参保地</td></tr>
<tr><td>在各地参保都不满 10 年</td><td>户籍地</td></tr>
</table>

行。已经领取基本养老金的人员即使迁居异地，也不再转移养老保险关系，由原地区继续支付待遇。明确领取待遇的办理地，形成了全国统一的规范，避免因地区间权责不清而损害参保人的合法权益。

省内跨统筹地区流动就业的参保人，参照国家规定办理职工基本养老保险关系转移接续。有关个人账户和统筹基金转移的规定，既保证了流动就业参保人的权益累计和养老金水平核定，也适当均衡了各地的基金负担。

二、机关事业单位基本养老保险关系转移接续

参保人在同一统筹范围内的机关事业单位之间流动的，只转移基本养老保险关系，不转移基金。参保人在机关事业单位养老保险制度内跨统筹范围流动，或在机关事业单位与企业之间流动的，在转移基本养老保险关系的同时，转移基金。其中，个人缴费部分按记入本人基本养老保险个人账户的全部储存额转移；单位缴费部分以本人各年度实际缴费工资为基数，按 12% 的总和转移。

三、职工基本养老保险与城乡居民基本养老保险关系转移接续

对先后参加过职工基本养老保险和城乡居民基本养老保险的人员，规定在达到城镇职工养老保险规定的法定退休年龄后，可以办理两种制度的衔接手续，其在两项制度中个人账户储存额全部转移，合并累计计算。从职工养老保险转入城乡居民养老保险，其参加职工养老保险的缴费年限可以合并累加计算为城乡居民养老保险的缴费年限；从城乡居民养老保险转移到职工养老保险的，其参加城乡居民养老保险的缴费年限不折算为职工养老保险缴费

年限。参保人办理完基本养老保险关系转移接续手续后，按职工基本养老保险制度或城乡居民基本养老保险制度的规定享受相应的养老保险待遇。已经领取养老保险待遇的人员，不再办理。

各项养老保险转移接续政策的施行，架起了一座连接城乡和区域的互通式“立交桥”，使中国养老保险体系真正形成了网状结构，更好地保障了全体劳动者和城乡居民的养老保障权益，实现了“不论你到哪里干，养老保险接着算”。

第六节　多层次的养老保险体系

1991 年中国政府就提出“逐步建立起基本养老保险与企业补充养老保险和职工个人储蓄性养老保险相结合的制度”，称为多层次养老保险体系，大体与同期国际社会流行的养老金“三支柱”理论秉持类似理念，旨在充分利用各类资源应对人口老龄化的挑战。基本养老保险是第一层次支柱，主要保障退休人员基本生活；企业年金和职业年金是第二层次支柱，用以满足退休人员改善生活的更高需求；国家还实行扶持政策，鼓励发展个人储蓄性养老保险和商业养老保险，作为第三层次支柱。这一体系架构的设想，在 20 多年的实践中得到逐步实现。

一、企业年金

1995 年施行的《劳动法》规定：“国家鼓励用人单位根据本单位实际情况为劳动者建立补充保险。”当年，劳动部制定了建立企业补充养老保险制度的有关政策；2004 年改称企业年金，并把政府社会保险机构经办的体制改为市场化投资运营；2015年修订《企业年金基金管理办法》；2017年制定《企业年金办法》，中国的企业年金制度基本定型。

（一）建立条件

一家企业只能建立一个企业年金计划，并遵循三项原则。一是从属原则，即企业及其职工必须在依法参加职工基本养老保险并履行缴费义务基础上，才能建立企业年金。二是自主原则，即企业年金不具有法定强制性，企业及其职工依据自身实际确定是否建立并确定供款规模。三是民主原则，即企业年金方案必须由企业与职工一方通过集体协商制定，并经职工（代表）大会讨论通过。

（二）资金筹集

企业年金由企业和职工共同供款。其中企业供款规模每年不超过本企业工资总额的8%，加上职工个人缴费，合计供款不超过工资总额的12%。政府的支持政策是：对不超过本企业工资总额5%标准内的部分，在计算企业应纳税所得额时准予扣除；对个人缴费不超过本人缴费工资计税基数的4%标准内的部分暂不征收当期个人所得税，递延至领取待遇时再征收。

（三）管理方式

企业年金实行完全积累，采用个人账户方式管理，个人账户包括职工个人供款和企业供款按规定计入部分；企业供款计入职工个人账户的数额，可以依据个人情况有所不同，但最多不能超过平均额的5倍；同时也允许建立企业年金企业账户，企业供款暂时未分配至职工个人账户的资金及其投资收益计入该账户，并按照企业年金方案确定的比例和办法计入职工企业年金个人账户。

（四）基金运营

企业年金实行市场化运营。企业归集企业年金形成的基金，委托给符合国家规定的法人受托机构（也可以是企业按国家规定成立的企业年金理事会），再由其分别与具备资格的机构建立委托代理关系，负责企业年金基金的账户管理、资金托管和投资管理。

（五）待遇给付

参加企业年金计划的职工在达到国家规定退休年龄、完全丧失劳动能力、出国（境）定居时，可从本人企业年金个人账户中领取企业年金待遇；该项待遇可以按月、分次或一次性领取，也可以全部或者部分购买商业养老保险产品。职工或者退休人员死亡后，其企业年金个人账户余额可以继承。在税收政策方面，按月或分次（按年、按季度分摊到各月）领取的企业年金，每月全额按照“工资、薪金所得”项目的税率计征个人所得税；而一次性领取企业年金个人账户资金，除出国（境）定居、死亡继承情形可以按 12 个月分摊计税外，其他都要作为一个月的工资、薪金所得计征个人所得税。这项政策的目的是引导人们采用按月、分期领取企业年金的方式，长期领取企业年金待遇，而不鼓励一次性领取。

（六）管理监督

县级以上人民政府人力资源社会保障行政部门在企业年金管理监督方面的主要职责是：接收企业报送的企业年金方案，在 15 日内未提出异议的方案生效；接收企业报送的企业年金方案变更或终止报告；负责监督检查企业年金实施情况，对违反相关规定的可予以警告，责令改正；对因订立或履行企业年金方案发生的争议，按国家有关集体合同规定执行，但因履行企业年金基金管理合同发生的争议，则应依法申请仲裁或提起诉讼。

至2018年年底，全国建立企业年金的用人单位8.74万户，参加职工2 388万人，积累基金1.48万亿元。[①]

二、职业年金

2014年10月在改革机关事业单位养老保险制度的同时，为其工作人员建立了职业年金。职业年金的基本政策框架与企业年金大体一致，但也有若干重要差异。

（一）适用范围

职业年金与机关事业单位基本养老保险制度覆盖范围相同，仅适用于机关事业单位及其工作人员，并强制性建立，即凡纳入机关事业单位基本养老保险制度的单位和人员均必须建立职业年金，这不同于企业年金的自主建立和加入原则。

（二）资金筹集

统一规定各类机关事业单位的缴费比例为单位工资总额的8%，个人缴费为本人缴费工资的4%。

（三）管理方式

与企业年金同样采用个人账户方式，单位和个人缴费都计入个人账户，个人缴费实行实账积累。但与企业年金不同的是，职业年金的单位缴费计入职工个人账户部分分为两种方法处理：对非财政全额供款单位的缴费实行实账积累；而对财政全额供款单位的缴费采取记账方式，并按照国家每年统一

① 人力资源社会保障部2018年统计公报。

公布的记账利率计算利息，工作人员退休前，其职业年金个人账户中这部分累计储存额由同级财政拨付资金记实。

（四）基金运营

所有实账积累形成的职业年金基金，实行市场化投资运营，按实际收益计息。不同于企业年金的是，职业年金不是由各单位自行确定法人受托机构，而是由省级以上社保机构作为代理人来集中行使委托职责并负责职业年金基金账户管理业务。代理人代理委托人（管辖范围内所有机关事业单位及其职工）与受托人签订职业年金计划受托管理合同，受托人再与托管人、投资管理人分别签订委托管理合同。投资运营收益按规定计入受益人职业年金个人账户。

（五）转移接续

企业年金由于实行全额实账积累并直接委托市场机构投资运营，因而在职工跨企业、跨地区、跨制度（机关事业单位与企业之间）流动就业时，其个人账户仍可投资运营。而职业年金对不同单位、不同阶段有实账和记账两种方式，因此职工在就业地或就业单位变化时，需要转移接续职业年金个人账户，主要流动情形有职工从机关事业单位流动到企业并在企业职工养老保险制度内达到退休年龄，参加所在企业建立的企业年金计划的；有上述职工达到退休年龄，而所在企业没有建立企业年金计划的；也有职工从企业流动到机关事业单位，原来已经参加了企业年金计划的。政府分别规定了转移接续政策，总的原则是保障参保人员流动就业中的职业年金和企业年金权益。

（六）领取方式

符合条件的人员可以选择一次性购买商业养老保险产品，或者按照本人退休时对应的计发月数确定的职业年金待遇标准按月领取，选择后不再更改。

至2018年年底，全国有2 508万人参加了职业年金，全年基金收入2 479亿元，支出33亿元，累计结存4 930亿元。[①]

三、“第三支柱”个人养老金的探索

2018年5月，中国在上海市、福建省和江苏省苏州工业园区进行个人税收递延型商业养老保险的试点，为建立养老保险“第三支柱”个人养老金开展探索和尝试。试点的核心政策是个人通过个人商业养老资金账户购买符合规定的商业养老保险产品的支出，允许在一定标准内税前扣除；计入个人商业养老资金账户的投资收益，暂不征收个人所得税；个人领取商业养老金时再征收个人所得税。

这一试点，是中国养老保险第三层次（第三支柱）的有益尝试；政府通过税收政策支持其发展，适应中国人口老龄化加剧、中等收入群体逐渐扩大的趋势，既有需求也有可能，政策功效可望逐步显现。

第七节　中国职工养老保险制度发展前瞻

经过30多年的改革发展，中国职工养老保险制度已经基本定型，覆盖范围迅速扩大，待遇水平稳步提高，基金实力明显增强；但同时也存在着政策不完善、机制不健全、发展不平衡等问题。当前及今后一个时期主要面临三方面重大挑战。一是人口老龄化程度加深。企业职工基本养老保险制度的抚养比从2012年的3.09∶1降低为2018年的2.66∶1，预计将继续下降，对

① 人力资源社会保障部统计资料。

基金的可持续性提出严峻挑战。二是城镇化进程加速。过去 6 年，中国城镇常住人口占比提高了 7 个百分点，目前为 59.58%，城镇化进程中大量农村人口流向城市，在为职工养老保险带来参保新资源的同时，也将出现大量流动人群，对加强城乡养老保险制度统筹衔接提出了许多新要求。三是经济结构和就业结构深度调整。一方面，一些传统产业过剩甚至被淘汰，需要更加有力的社会保险政策来维护这些行业流出的就业者的利益；另一方面，新业态、新就业方式蓬勃发展，灵活就业将成为普遍现象，由此出现的劳动关系、就业岗位、工作时间、工资收入四种“不确定”情形，对改革职工养老保险的传统组织方式也提出了新课题。

预见到未来的挑战和机遇，2013 年中国政府就开展了养老保险的顶层设计研究，并陆续推出若干重大改革举措，下一步还将继续在完善体系、制度、机制方面加大力度。

一、实现法定人员全覆盖

在全面实施全民参保计划中，把养老保险作为重点领域，随着城镇化进程的加快，将更多群体纳入职工基本养老保险制度。在确保完成国家“十三五”规划设定的参保率达到 90%，其中职工养老保险参保 4.25 亿人目标的基础上，力争今后每年新增参保 800 万人以上，在 2035 年前后，使基本养老保险参保率达到 95% 左右。职工基本养老保险扩大覆盖面的重点是小微企业及其员工、城乡流动就业群体和以网络从业为特征的新业态就业群体。

二、实现养老保险全国统筹

中国职工基本养老保险制度改革从市县开始探索，起初统筹层次较低；

2007年后大力推进省级统筹，各省级地区总体实现了基本制度、缴费标准、待遇政策、基金使用、预算管理、业务规程六个统一。2018年开始实行企业职工基本养老保险基金中央调剂制度，各省级地区按照中央核定的在职应参保人数和上解工资基数的3%（2019年提高到3.5%）上解基金额，中央按核定的领取待遇人数和标准向各省级地区拨付调剂基金，缓解各省之间基金收支不平衡的结构性矛盾；与此同时，指导和督促各地在2020年年底前全部实现企业基本养老保险基金省级统收统支。在此基础上，尽快实现养老保险全国统筹。

三、渐进式延迟退休年龄

中国人口的预期寿命已达到77岁。在城镇职工参保群体范围内，这一数值更高，现行50～60岁的退休年龄规定显然已滞后于实际情况。为改善抚养比、增强制度的可持续性，中国政府明确了“渐进式延迟退休年龄”的方向，同时相应调整养老保险参保缴费的最低年限标准。这是全社会高度关注的重大举措。中国政府将全面分析就业和人口老龄化的局势，坚持“渐进”原则，把握政策实施力度和节奏，周密安排过渡措施，在妥善处理相关群体利益诉求的基础上，平稳度过人口老龄化的高峰期。

四、构建多层次协调发展的养老保障体系

巩固基本养老保险制度，确保退休人员基本生活，并随着经济社会发展逐步提高待遇水平。加快发展企业年金和职业年金，加大政策支持力度，使单位从业者的职业性养老金尽快普及。总结试点经验，推行面向全体居民的个人养老金制度，通过税收优惠政策引导公众调整储蓄结构，将更多资金投入自身养老储备，形成全社会共同应对人口老龄化挑战的格局。

中国特色社会主义进入新时代，职工养老保险将在已有制度基础上，着眼经济社会发展全局，在更深层面上推进改革，在更大范围内统筹城乡，在更长时间跨度上实施有利于持续发展的政策措施，在更高水平上实现精确管理和便捷服务，合理划分国家、单位和个人责任，加快建立覆盖城乡、更加公平和更可持续的养老保险体系。

第三章
城乡居民基本养老保险制度

在中国现行的养老保障体系中，与职工养老保险制度并行的另一个重要制度安排是以城乡居民为对象的基本养老保险制度。它是由新型农村社会养老保险制度和城镇居民社会养老保险制度发展而来的。

第一节　城乡居民基本养老保险的发展沿革

在长达几千年的农业社会中，中华民族与其他农耕文明一样，对丧失劳动能力的老年人是在家庭—家族内部进行代际赡养的，并由此形成了特有的孝道文化和尊老、敬老的社会伦理传统；而对老年人的赡养水平，则取决于家庭及当时、当地的经济状况。

中华人民共和国成立后，农村实行生产合作化，在延续家庭赡养老年人模式的基础上，针对农村中无劳动能力、无生活来源、无法定赡养义务人的老年人以及残疾人和未成年人群体，中国政府建立了“五保”供养制度，即由农村集体经济组织对其在吃、穿、烧、教、葬等方面给予生活照料和物质帮助，资金主要来源于农村集体经济组织可分配总收入中扣留的部分公益金；对城镇同类人员，则由地方政府提供一定的社会救助。

20 世纪 80 年代后，中国农村实行以家庭联产承包责任制为主要内容的经济体制改革，集体经济的供养能力减弱；与此同时，出现了城镇化的第一波浪潮，被农村改革解放出来的大批农村青壮年劳动力进入城市寻找就业机会，农村老龄化和家庭小型化的趋势开始显现。在这一背景下，单纯的家庭养老功能减退，客观上形成了对新的养老模式的需求。于是，一些地区开始尝试建立社会化的农村养老保障制度。主要方式是以农民个人缴费为主，集体补助为辅，国家给予政策扶持，为参保缴费者建立个人账户，采取储蓄积累的保险方法，力图将家庭养老与社会保险结合起来。这一探索即后来所称的“老农保”，具有一定的社会保险属性，在农村集体经济组织实力较强、农民收入水平较高的地区发展较快，也取得一定成效。但由于政府没有直接投入资金，因而在经济发展滞后地区难以推行；加之缺乏严密的政策规范，一些地区出现了违背农民意愿强制参保或难以兑现待遇承诺等问题。在世纪之交，这一探索陷于停顿。

进入 21 世纪，中国政府根据经济社会发展的新特点和农民的期盼，在总结地方经验的基础上，于 2009 年开展了新型农村社会养老保险试点，并于 4 年后在全国各地全面施行，覆盖了 4.8 亿农村居民。新农保区别于老农保的最大特点是，在个人缴费、集体补助的同时，各级政府给予财政补贴，使之成为一项在农民自愿参保基础上的普惠性制度安排。

2011 年上半年，新农保试点已经覆盖了全国一半的县，参保农民达 1.4 亿人，针对城镇中非从业居民缺乏养老保障的问题，中国政府又启动了城镇居民社会养老保险的试点，与新农保同步推进。城居保的基本原则、制度模式、筹资方式、待遇确定办法等政策与新农保基本一致，只是筹资标准高于新农保。到 2012 年年底，城居保也在全国全面施行，覆盖了 2 000 多万无法参加职工养老保险的城市非就业居民。

新农保和城居保的全面施行，标志着中国覆盖全民的基本养老保险制度体系全面建立。《社会保险法》规定，国家建立和完善新型农村社会养老保险制度和城镇居民社会养老保险制度，并规定省级人民政府根据实际情况，可以将城居保和新农保合并实施。2014 年，中国政府决定在全国范围内合并实施这两项制度，定名为城乡居民基本养老保险制度，实行统一的政策标准、经办服务、信息系统，在更高层面上实现城乡统筹、制度平等，使广大城乡居民共享经济社会发展成果。城乡居保与职工养老保险共同构成中国基本养老保险的两大制度平台，并实行相互衔接的转移接续政策，促进社会公平和统筹城乡发展。

2018 年 3 月，贵州省三都水族自治县社保局工作人员深入乡村宣传城乡居民养老保险政策。

第二节　城乡居民基本养老保险的主要政策

城乡居保制度遵循全覆盖、保基本、有弹性、可持续的方针，实行社会统筹与个人账户相结合的制度模式，个人缴费、集体补助、政府补贴相结合的筹资模式，基础养老金和个人账户养老金相结合的待遇支付模式，目标是保障参保城乡居民老年基本生活。

一、参保范围

年满 16 周岁（不含在校学生），不属于职工基本养老保险制度覆盖范围的城乡居民，可以自愿在户籍地参加城乡居保。这个政策规定表达的含义如下：一是除劳动年龄以下的少年儿童和在校学生以外，所有不属于职工基本养老保险制度覆盖范围的人员都属于城乡居保覆盖范围；二是与强制性参保的职工基本养老保险不同，城乡居保对城乡无工薪收入的群体实行自愿参保原则，政府通过资金补助加以引导，鼓励符合条件的城乡居民从年轻时起就参保缴费，以便在年老后获得更加可靠的保障；三是城乡居民的参保地为其户籍所在地，这符合当下基层特别是广大农村社会公共服务能力的客观实际。

在全国各地普遍建立城乡居保制度的基础上，2014 年中国政府开始实施全民参保计划。针对一些青壮年农民参保意愿不强的情况，进一步加强政策宣传和组织实施工作，并完善激励政策，引导其认识到及早参保既是承担家庭和社会责任，又是为自己未来老年保障累积更多权益。特别是大批青壮年进城务工农民长期在城市生活和就业，但也有返乡就业创业的可能，面临的是参加职工养老保险还是城乡居保的制度选择，政府应有所侧重地加以引导。对在城市长期稳定就业的农村户籍人员特别是新生代农民工，将其依法纳入职工养老保险制度；对往返城乡、就业不稳定的农民工，引导其至少参加一项养老保险，逐步累积自己的权益；至于跨地区城乡流动就业的农民，在更高层级，直至在全国范围内，通过人员信息联网比对，将其纳入相应地区的职工或居民养老保险制度。

截至2018年年底，全国城乡居保参保人数近5.24亿人（其中城镇居民参保人数自2012年以来一直维持在2 000多万人的规模），其中领取待遇1.67亿人，是全球覆盖人群最多的单一养老金计划（见图3-1）。

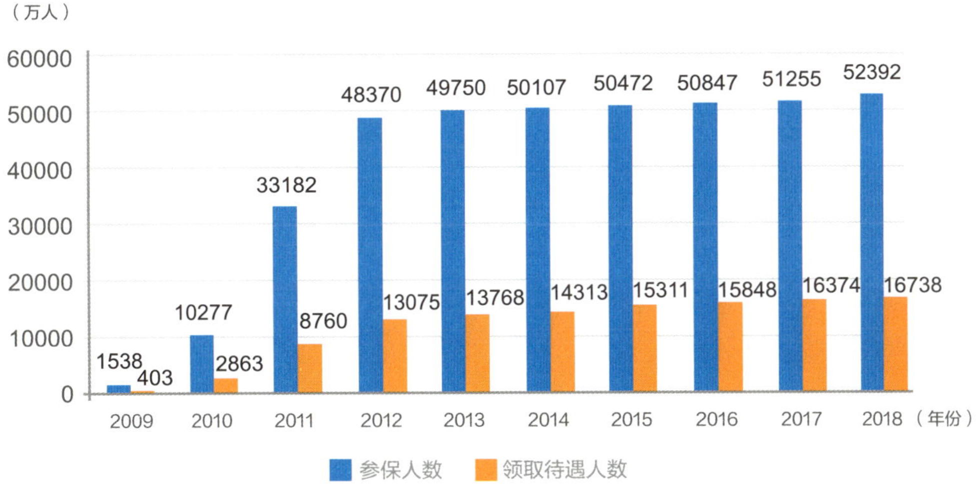

图3-1 2009—2018年参加新农保及城乡居保人数

资料来源：人力资源社会保障部历年统计公报。

二、资金筹集

城乡居民基本养老保险实行多渠道筹资，基金主要由个人缴费、集体补助、政府补贴构成。

（一）个人缴费

参加城乡居保的人员按规定缴纳养老保险费。国家层面规定的缴费标准，在两项制度分别实施的阶段，新农保为每人每年 100 元至 500 元 5 个档次，城居保为每人每年 100 元至 1 000 元 10 个档次；合并为城乡居保制度后，统一为 100 元至 2 000 元 12 个档次（即在城居保标准基础上增加 1 500 元、2 000 元两个档次）。在此基础上，各地政府可以根据城乡居民收入增长情况合理确定和调整个人缴费档次标准，但有上下限，最高缴费档次标准原则上不超过当地灵活就业人员参加职工基本养老保险的年缴费额；对重度残疾人等缴费困难群体，各地在提高缴费标准时应保留现行最低缴费档次标准。

（二）集体补助

为了鼓励城乡居民参保缴费，增加其个人账户积累，城乡居保制度规定，有条件的农村集体经济组织应当对参保人缴费给予补助，补助标准由村民委员会召开村民会议民主确定。同时鼓励其他社会经济组织、公益慈善组织、个人为城乡居民参保缴费提供资助。实践中，一些农村集体经济组织为本村农民参保提供了资金补助，也有一些率先富裕的农民为乡邻参保提供了资助，进一步拓宽了筹集资金的渠道。

（三）政府补贴

政府补贴分为两部分，并由中央和地方政府分别承担财政责任。一是地方政府对参保人缴费给予一定补贴，对选择最低缴费档次的，补贴标准不低于每人每年 30 元；对选择较高缴费档次的，适当增加补贴金额，其中选择 500 元及以上缴费档次的，补贴标准不低于每人每年 60 元。对重度残疾人等家庭生活困难的群体，由地方政府代缴部分或全部最低标准的养老保险费。二是对符合领取城乡居保待遇条件的参保人，由政府全额支付基础养老金，中央财政对中西部地区按中央确定的基础养老金标准给予全额补助，对经济较发达的东部地区给予 50% 的补助。无论是发达地区还是贫困地区，无论集体经济组织有无补助，同一地区参保人领取的基础养老金水平都是相同的，体现了这一制度的基本性、公平性和普惠性。

图 3-2 表明，自 2012 年新农保、城居保全面普及以来，各级政府的财政补助始终占基金总收入的三分之二左右，6 年增长了两倍多，其中 2015 年和 2018 年两次统一提高全国基础养老金标准，大幅增加了财政补助。同时，个人缴费也逐年增加。

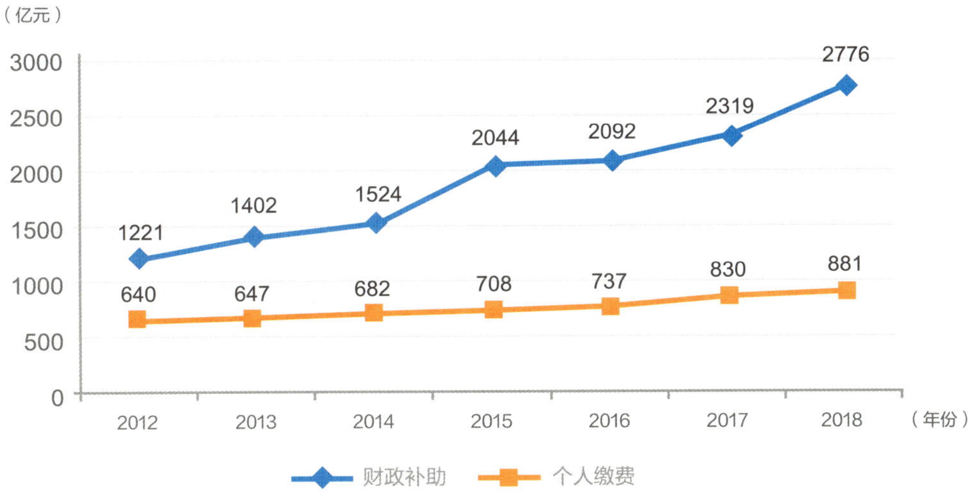

图 3-2　2012—2018 年城乡居保主要筹资来源

资料来源：人力资源社会保障部统计资料。

城乡居保的筹资模式与职工基本养老保险相比，有几个不同特点。一是设置多档缴费标准，国家统一设置 12 个档次，同时允许各省在此基础上增设缴费档次，由城乡居民依据自身能力和意愿自主选择，多缴多得，体现了弹性原则，既适应城乡居民特别是农民收入水平的差异性，又适应地区间经济社会发展的差别。规定地方增设的缴费标准的上下限，是考虑到各类居民的经济承受能力以及与其他群体缴费负担的平衡。二是城乡居民缴费周期按年计算，缴费标准按绝对额形式设定，而不像职工基本养老保险那样采取按工资收入基数一定比例确定费率、按月计缴的形式，符合居民非工薪收入者的特点，也更便于居民特别是农民理解。三是地方政府对个人缴费给予财政补贴，并按缴费多少有所差别，既可以减轻部分城乡居民的缴费负担，也有利于引导城乡居民积极参保，增加个人账户积累。为困难人员代缴养老保险费，则大大降低了参保门槛，有助于将最低收入群体纳入保障范围。四是中央政府对基础养老金直接给予财政补助，彰显了在全国范围内促进公平可及的取向。

三、待遇确定和调整

参加城乡居保的居民领取基本养老金的条件是：年满 60 周岁，累计缴费满 15 年，且未领取国家规定的基本养老保障待遇的，基本养老金按月支付。鉴于城乡居保制度建立之初没有人达到累计缴费满 15 年的条件，政策又针对不同年龄情况细化规定：参保人在新农保或城居保制度实施时已年满 60 周岁，不用缴费，自制度实施之月起可以按月领取基础养老金；距规定领取年龄不足 15 年的则应逐年缴费，也允许补缴，累计缴费不超过 15 年；距规定领取年龄超过 15 年的应按年缴费，累计缴费不少于 15 年。

城乡居保的基本养老待遇由基础养老金和个人账户养老金两部分组成，均支付终身。

（1）基础养老金。中央政府确定全国统一的基础养老金最低标准，并根据经济发展和物价变动以及职工基本养老保险等其他社会保障标准调整情况，适时加以调整。新农保、城居保试点阶段，基础养老金最低标准为每人每月 55 元，2014 年提高到 70 元，2018 年再次调整到 88 元。在此基础上，允许地方政府根据实际情况提高当地基础养老金标准。同时指出两个导向：一是对长期缴费的居民可适当加发与缴费年限关联的基础养老金，以鼓励长缴多得；二是对 65 岁及以上参保城乡老年居民予以适当倾斜。基础养老金标准提高和加发部分的资金由地方政府支出。

（2）个人账户养老金。国家为每个参保缴费者建立终身记录的养老保险个人账户，个人缴费、地方政府对参保人的缴费补贴、集体补助及其他社会经济组织、公益慈善组织、个人对参保人的缴费资助，全部记入个人账户。个人账户储存额按国家规定计息；国家对城乡居民基本养老保险基金进行投资运营，实现基金保值增值，以提高个人账户养老金水平和基金支付能力。个人账户养老金的计发标准是个人账户全部储存额除以 139，按月支付终身；参保人死亡，个人账户余额可以依法继承。

2018 年，全国城乡居保当年基金收入 3 838 亿元，基金支出 2 906 亿元，累计结存 7 250 亿元。人均月领取养老金 150 元，其中基础养老金 135 元。表 3-1 反映，2012 年新农保和城居保制度在全国普及时，各地平均实际的基础养老金水平高于 55 元，显示出地方政府提高标准的努力，而基本养老金高于基础养老金 10 元左右，说明个人账户养老金已开始产生效果。2015 年

表 3-1　城乡居民养老保险基金收支和待遇水平

年度	基金收入 / 亿元	基金支出 / 亿元	基本养老金 / （元 / 人·月）	基础养老金 / （元 / 人·月）	基金结存 / 亿元
2012	1 829	1 150	82	61	2 302
2013	2 052	1 348	82	64	3 006
2014	2 310	1 571	90	78	3 845
2015	2 855	2 117	117	101	4 592
2016	2 933	2 150	117	105	5 385
2017	3 304	2 372	125	111	6 318
2018	3 838	2 906	150	135	7 250

资料来源：
①基金收支余引自人力资源社会保障部历年统计公报。
②平均养老金水平根据人力资源社会保障部统计资料计算得出。

后基础养老金水平陡然登上一个台阶，主要是全国统一提高基础养老金最低标准至 70 元的推动，同时个人账户养老金的累积效应也得以显现，达到人均 16 元左右。2018 年全国再次统一提高基础养老金标准，政策全面落实后，到 2019 年 4 月，全国人均基本养老金超过 160 元，其中基础养老金达到 140 元。

除基本养老金外，城乡居保制度还规定了丧葬补助金待遇，要求有条件的地方政府结合本地实际建立丧葬补助金制度，资金由地方政府负担。目前，大部分地区已经建立这一制度，有的规定了全省统一的丧葬补助金额度；有的规定了统一的计发标准，如补助金额相当于当地基础养老金的若干个月；还有的授权市县政府结合实际确定标准。

城乡居保制度从中国实际出发，有以下几个政策特点。

一是实行基础养老金和个人账户养老金相结合的养老待遇模式，既体现了普遍基本保障的原则，又通过个人账户方式激励居民参保缴费，增加积累，减缓老龄化的压力。尽管目前每月 160 多元的基本养老金还不能完全满足城乡老年居民基本生活保障需求，但随着经济社会发展，政府将逐步提高基础养老金标准，个人账户资金积累也将逐渐增多，更多城乡老年人将得到更好的基本生活保障。

二是政府全额支付最低标准基础养老金，体现了国家对城乡居民老有所养承担的重要责任，这是与老农保仅依靠农民自我储蓄积累来养老的最大区别。政府资金投入又按中央与地方的事权划分分别承担，在最低标准全国一致的基础上，允许各地有一定差别，符合中国各地区之间发展不平衡的客观实际。

三是基础养老金按确定额度支付，个人账户养老金按个人账户储存额除以统一计发月数支付，男女一致，待遇计发办法简单明了，容易为参保对象所理解和接受，也有助于基层工作人员进行宣传动员。

第三节　城乡居民基本养老保险的转移接续与衔接

城乡居保不是一项孤立的制度，而是中国整个社会保障体系的有机组成部分，需要在纵向、横向上与多种制度、政策相互衔接。

一、与老农保政策的衔接

过去曾参加过老农保、个人缴过费的农民有几千万人，有些已经领取了老农保待遇。在新农保制度替代老农保后，需要妥善处理新老制度之间的转换问题。对此，总的原则是维护老农保参保人员的合法权益，将老农保并入新农保，实行叠加计算。具体政策包括：参加过老农保、年满 60 周岁且已领取老农保养老金的参保人，可以直接享受新农保的基础养老金，老农保养老金继续支付，不冲销；未满 60 周岁且没有领取养老金的参保人，按新农保的缴费标准继续缴费，同时将老农保原有的个人账户资金合并到新农保个人账户中，待符合新农保（城乡居保）的待遇领取条件时享受相应待遇。

二、跨地区转移接续

参加城乡居保的人员，在缴费期间户籍迁移、需要跨地区转移城乡居保关系的，可在迁入地申请转移养老保险关系，一次性转移其个人账户全部储存额，并按迁入地规定继续参保缴费，缴费年限累计计算；待满足待遇领取条件时，基础养老金按迁入地标准支付，个人账户养老金按累计储存额计发。对已经按规定领取居民养老保险待遇的，无论户籍是否迁移，其养老保险关系不转移，仍由原地区继续支付养老金并执行该地的待遇调整政策。

三、与职工养老保险的衔接

针对参保人在城乡居保与职工养老保险制度之间的衔接，分三种情形作出规定。一是参保人从城乡居保转入职工养老保险的，其已有个人账户全部储存额并入职工养老保险个人账户，其城乡居保的缴费年限不合并计算或折算为职工养老保险缴费年限。二是参保人从职工养老保险转入城乡居保的，其已有个人账户全部储存额并入城乡居保个人账户，其参加职工养老保险的缴费年限合并计算为城乡居保的缴费年限。三是参保人在同一年度内同时参加职工养老保险和城乡居保的，其重复缴费时段（按月计算）只计算职工养老保险缴费年限，并将城乡居保重复缴费时段相应个人缴费和集体补助退还本人。此外，政策还规定，参保人不得同时领取职工养老保险和城乡居保待遇，在两项制度中都具备领取待遇资格的，按职工养老保险制度计发基本养老金，终止并解除城乡居保关系，除政府补贴外的个人账户余额退还本人，已领取的城乡居保基础养老金应予以退还。这个系列政策，特别适合于城乡流动就业参保的农民工群体，有利于完整地保障他们的养老保险权益，并享受到水平更高的养老保险待遇。

四、与其他社会保障制度的衔接

在中国现行社会保障体系中，退伍士兵优抚安置、城乡居民最低生活保障、农村五保供养等制度以及农村计划生育家庭奖励扶助政策，都涉及部分人员的保障，与城乡居保制度重合和关联。处理这些制度之间衔接关系的基本方针是按各自政策规定执行，不相互取代、冲销待遇。例如在评定一个农村家庭是否符合享受低保待遇的条件时，目前规定由中央确定的基础养老金暂不记入评估低保标准的基数，即城乡居保基本养老金和低保待遇可以叠加享受。

第四节　城乡居民养老保险扶贫工作

消除贫困是当今世界的重大议题。中国政府始终致力于消除贫困，为全球减贫、防贫事业做出了显著贡献。2015 年，中国政府开始实施新的脱贫攻坚计划，目标是到 2020 年全国现行贫困标准下农村贫困人口实现脱贫，贫困县全部“摘帽”（贫困发生率低于 2%，西部地区低于 3%）。为此，对所有农村贫困人口逐一建档立卡，针对不同对象部署了“五个一批”工程——发展生产脱贫一批、易地搬迁脱贫一批、生态补偿脱贫一批、发展教育脱贫一批、社会保障兜底一批。“社会保障兜底”即对农村贫困人口中完全或部分丧失劳动能力的老弱病残者，通过社会保障制度和政策来保障其基本生活，使之不致陷于贫困境地。

在中国现有农村贫困群体中，缺乏赡养或赡养支持不充分的老年人问题较为突出，且很难通过自身努力来摆脱贫困，因而成为脱贫攻坚的重要目标。建立和推行新农保，本身就包含着从制度层面防贫、减贫的积极意义，在制度施行中，着力强化针对性政策，以使“兜底”脱贫的效应最大化。

一、代缴养老保险费

对建档立卡未标注脱贫的贫困人口、低保对象、特困人员等困难群体参加城乡居保，由地方政府为其代缴国家规定最低标准的养老保险费，有条件的地区可以全额代缴，财政困难的地区可以部分代缴；各地还可以根据实际，扩大代缴养老保险费的困难人员范围。地方政府在提高本地最低缴费档次时，必须保留国家规定的最低缴费档次，以适合贫困人员缴费能力弱的情况，也更有利于地方政府实现为其全额代缴，从而将贫困人员全部纳入城乡居保制度覆盖范围，使其老年基本生活有制度性的保障。

二、提高基础养老金标准

在中央层面，2014 年和 2018 年两次统一提高全国基础养老金最低标准，比最初标准增幅达 60%，明显增加了贫困人员的现金收入。2018 年，又着手建立城乡居保的待遇确定和基础养老金正常调整机制，按照激励约束有效、筹资权责清晰、保障水平适度的原则，完善城乡居保的筹资和保障机制，给城乡居保参保人员以更加积极和稳定的预期。在地方层面，各地根据经济发展和居民收入水平增长情况，均多次不同程度地提高了本地区城乡居保的基础养老金标准。2019 年 4 月，全国平均基础养老金水平达到每人每月 140 元，加上个人账户养老金 160 元，全年为 1 900 元左右，超过了现行贫困标准的一半，成为农村贫困老年人脱贫的重要财务资源。此外，中国政府已确定，完善包括城乡居保基金在内的基本养老保险基金运营政策，实行市场化、多元化投资，加强风险管理，增加积累资金的投资收益。这为持续稳步提高基本养老保险待遇水平开辟了新的筹资渠道，同时增强了参保居民的信心——自己的养老钱由国家保管，不仅安全有保障，还能保值增值。

三、贫困人口适度优先

中国正在全面实施全民参保计划，目标是实现各项社会保险的法定人员全覆盖。在城乡居保制度方面，对老年贫困人员作出了优先安排：从 2018 年 12 月起至 2020 年年底的两年内，对年满 60 周岁、未领取国家规定的基本养老保险待遇的建档立卡贫困人口、低保对象、特困人员等贫困人员，全部纳入城乡居保制度，确保这一群体按月享受城乡居保的基本养老金待遇。政策实施当年，全国参保人数比上年猛增 1 137 万人，其中领取待遇人数增加 364 万人。在医疗、失业、工伤、生育等社会保险政策方面也采取了对贫困人员、贫困地区适度优先的方针。同时，继续落实城乡居保与农村最低生活保障、特困人员救助供养等社会救助制度的统筹衔接，“十三五”期间（2016—2020 年），在认定农村低保和扶贫对象时，中央确定的城乡居保基础养老金不计入家庭收入。

四、加强部门协调

负责社会保障的各级相关部门与政府扶贫部门实现了紧密的信息网络连接、广泛的数据共享，动态掌握建档立卡贫困人口参保和待遇保障情况，极大地提高了社会保障政策扶贫的精准性。如 2018 年，通过人力资源社会保障部与国务院扶贫办首次进行的中央级大数据比对，发现还有 1 000 多万名农村建档立卡贫困人员尚未纳入城乡居保，对此采取了“应保尽保”的专项措施，同时加大代缴政策落实和宣传引导工作力度，使未脱贫的适龄人员未参保人数减少到 200 多万人。到 2018 年年底，各级政府累计为参加城乡居保的 2 741 万名贫困人员代缴了城乡居民养老保险费，有 4 900 多万名贫困人员直接受益。

江西省 2015 年率先探索由财政为贫困户参加城乡居民养老保险代缴保费的做法。图为遂川县巾石乡贫困户展示领取城乡居民养老金的社会保障卡。

城乡居民基本养老保险通过政府组织实施并承担重要财政责任，使数以亿计的城乡老年人得以分享经济社会发展成果，有利于化解中国老龄化、城镇化加速背景下家庭和社会结构变化带来的矛盾，促进城乡居民在养老保障方面的基本权利平等。随着经济社会发展、综合国力增强，城乡居保的筹资和待遇水平将持续稳步提高，与其他社会保障制度的衔接将更加紧密、协调，管理服务的便捷化、精细化程度也将不断提升，在解除亿万名城乡老年人特别是农村贫困老年人养老保障后顾之忧的同时，对扩大国内消费、逐步改变城乡二元结构、推进基本公共服务均等化、促进社会和谐，都将产生越来越强大而持久的推动力。

第四章
职工医疗保险制度

在国际通行的社会保障制度安排中，医疗照顾是一个重要项目，是指对社会成员患病、受伤（包括工伤）和生育提供医疗服务，以化解其与此相关的经济风险。医疗照顾所提供的经济保障，通常采用两种模式：一是普遍援助，即国家通过预算支出，为全体公民提供免费或低收费的公共医疗服务；二是社会保险，即通过用人单位和个人缴费，建立专项基金，支付参保者符合规定的医疗服务费用。也有个别国家实行个人账户式的医疗保障，参保者或其雇主按规定向其个人账户注入资金，参保者患病就医从该账户中支付费用。此外，国际社会保障领域常规的保障项目还有疾病津贴，通常采用雇主责任模式，对雇员患病停工期间的收入损失给予经济补偿。

中国的医疗保障主要采用社会保险模式，同时辅以普遍援助模式的医疗救助制度，形成覆盖全体社会成员的全民医保体系。中国的医疗保险包括政府直接组织实施的基本医疗保险和政府政策支持的补充医疗保险两个层次。其中，基本医疗保险按覆盖群体划分为两大体系：一是城镇职工基本医疗保险，实行社会统筹与个人账户相结合的制度模式；二是城乡居民基本医疗保险，实行政府补助与个人缴费相结合的社会统筹模式。

第一节　中国职工医疗保险制度的发展沿革

20 世纪 50 年代初开始施行的《劳动保险条例》，规定由企业缴费建立劳动保险基金，支付职工因遭遇劳动风险所受经济损失或所承担的费用。其中，职工疾病、非因工负伤和残废是重要的待遇项目。具体包括：职工本人的诊疗费、手术费、住院费和普通药费由企业负担；但贵重药费、住院的膳食费及就医路费由本人负担，如本人经济状况确有困难，由劳动保险基金项下酌予补助；职工治疗停工期间，6 个月以内发给本人工资 60% ～ 100% 的病伤假期工资，6 个月以上发给本人工资 40% ～ 60% 的病伤假期工资；职工确定残废后发给一定标准的救济费；职工供养的直系亲属患病的合规费用，由单位负担一半，即“家属半费医疗”。这一制度被称为“劳保医疗”，涵盖了医疗照顾和疾病津贴两类待遇，采取以雇主责任为主、社会保险基金补助为辅的模式，适用于各类企业及其职工，但在计划经济时期主要覆盖国营企业。

从 1952 年起，中国开始在各级人民政府、党派、团体机关和事业单位范围内实行公费医疗制度，由各级政府从卫生预算中开支，保障这些单位工作人员的医疗待遇。

劳保医疗和公费医疗是中国最初建立实行的医疗保障制度，对保障职工身体健康、激发劳动者生产建设积极性发挥了重要作用；但也存在两项制度不统一、互助共济性不足、国家财政负担过重等问题。后来，劳动保险基金被停止提取，企业职工的疾病医疗保障由本企业完全负责。

改革开放后，按照建立和发展社会主义市场经济体制的要求，一些地区首先在企业范围内开始探索重建职工医疗费用社会统筹机制。经过多年实践，1998 年国务院决定全面改革原有制度，建立各类机关和企事业单位统一的城镇职工基本医疗保险制度，实行社会统筹与个人账户相结合的模式。其中统筹基金由用人单位缴纳，遵循互助共济的社会统筹机制，重点解决大病费用支出给职工带来的财务负担，同时均衡用人单位之间的经济风险；个人账户由个人缴费和用人单位缴费的一部分构成，主要支付门诊等小额医疗费用，并以其个人所有的属性促进形成医疗费用支出的约束机制。这一模式一直执行至今，但不包含早期劳保医疗制度中的疾病津贴（仍由用人单位负责）和家属半费医疗待遇（纳入城乡居民医疗保险制度，见第五章）。同时还建立了补充性医疗保险制度。

经过 20 多年的发展，职工医疗保险制度逐步完善，覆盖面愈益扩大，待遇水平稳步提高，实行了定点医疗机构和定点零售药店协议管理制度，基本医疗保险药品目录、诊疗项目和住院设备设施管理制度，不断深化医疗保险费用支付制度改革，形成了比较完备的管理规则体系。在此基础上，2011 年后，开始实行职工住院诊疗费用由医疗保险基金直接与医疗机构即时结算；又针对职工跨地区流动性增强的实际，实行了医疗保险关系转移接续和异地就医诊疗医疗保险基金即时结算的政策，大大减少了参保人的经济负担和先行垫付医疗费再到医疗保险经办机构报销的麻烦。

第二节　职工基本医疗保险制度覆盖范围

《社会保险法》规定，国家建立基本医疗保险制度，保障公民在疾病等情况下依法从国家和社会获得物质帮助的权利；中华人民共和国境内的用人单位和职工按照国家规定共同缴纳基本医疗保险费，职工应当参加职工基本医疗保险，依法享受社会保险待遇。现行职工基本医疗保险制度（以下简称职工基本医保）的覆盖范围执行《社会保险法》、《国务院关于建立城镇职工基本医疗保险制度的决定》以及政府有关部门制定的政策。

职工基本医保制度主要适用于城镇用人单位，包括各类企业（国有、集体、外商投资、股份制、私营等企业）、机关、事业单位、社会团体、民办非企业单位及其职工，属于依法强制性参加的社会保险计划。同时，法律法规还对几类特定群体的参保作出了规定。

城镇个体工商户和灵活就业人员。《社会保险法》规定，无雇工的个体工商户、未在用人单位参加职工基本医保的非全日制从业人员以及其他灵活就业人员可以参加职工基本医保。随着中国经济体制改革和产业结构调整，这类群体规模逐步扩大，其中许多人还是从原参保单位分流出来的，把他们纳入职工基本医保覆盖范围，有助于维护其基本权益和社会稳定；但这类群体没有用人单位，只能以个人身份参保，而且他们具有就业、收入的不稳定性，也不可能完全执行单位职工的相关政策，因此在实践中对这类群体的参保办法及缴费标准由各省级地区政府具体确定。

农民工。《社会保险法》规定，进城务工的农民依照本法规定参加社会保险。这一规定也适用于职工基本医保。实践中，各地将与用人单位形成稳定劳动关系的农村进城务工人员纳入保障范围，与城镇职工享受同等基本医保待遇。针对农民工群体就业流动性强、往返于城乡的特点，采取了“低费率、保大病、保当期”的保障方式，即个人不缴费，也不建立个人账户，用人单位按较低标准缴费并纳入统筹基金，重点满足农民工在务工期间的大病医疗保障需求。

在华就业外国人。《社会保险法》规定，外国人在中国境内就业的，参照本法规定参加社会保险。目前具体执行的是人力资源社会保障部 2011 年颁布的《在中国境内就业的外国人参加社会保险暂行办法》。

参保人退休后仍属于职工基本医保参保范围。

职工基本医保制度在 1998 年年底开始改革建立，当时全国参保人数只有 1 879 万人，3 年后猛增到 9 400 万人。之后，各级政府社会保险部门多次组织实施专项行动，陆续将混合所有制企业、城镇个体工商户和灵活就业人员、农民工以及关闭破产国有企业退休人员等群体纳入，使制度覆盖面急剧扩大，2007 年达到 1.8 亿人，2012 年达到 2.65 亿人，2018 年达到 3.17 亿人，与城乡居民基本医疗保险、医疗救助制度共同支撑起全民医保的安全网（见图 4-1）。

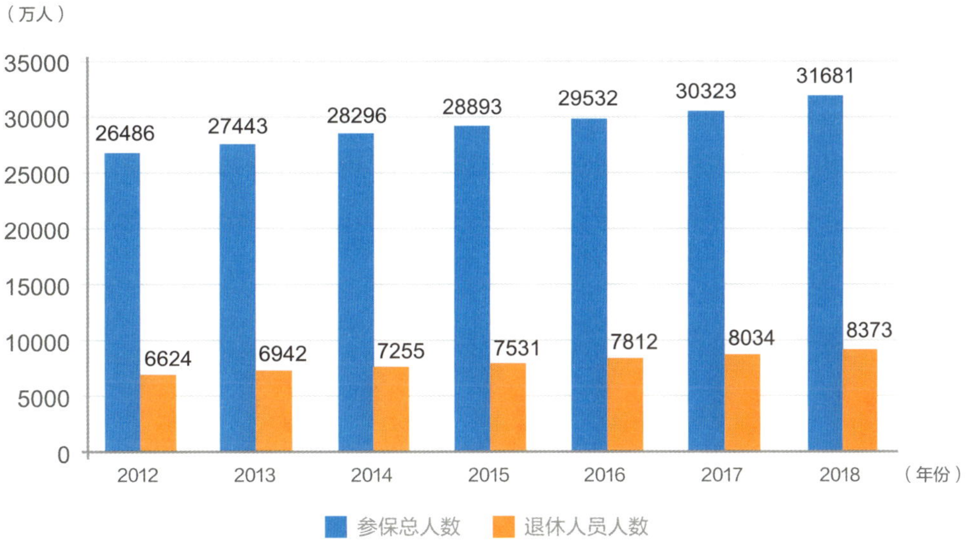

图 4-1　2012—2018 年职工基本医疗保险参保人数

资料来源：人力资源社会保障部历年统计公报，国家医疗保障局 2018 年统计公报。

第三节　职工基本医疗保险筹资

职工基本医保基金按照“以收定支、收支平衡”的原则筹集，主要来源于用人单位和职工个人缴费以及基金利息等收入，政府在特定时期对特定人群和特定地区也有专项财政补贴。

一、缴费

（一）用人单位缴费

用人单位按照国家规定缴纳基本医疗保险费，缴费基数是本单位工资总额，缴费比例（费率）一般规定为6%左右，但允许地方政府根据本地区职工基本医保基金收支状况有所调整。2009—2010年间，为应对国际金融危机的冲击，曾对受危机影响较大的企业采取过阶段性降低职工基本医保费率的措施。目前实行的指导政策是，当年职工基本医保基金结存超过收入额15%的，应适当下调单位费率。用人单位缴费大部分（70%左右）纳入统筹基金，小部分（30%左右）划入职工医保个人账户。

（二）个人缴费

职工个人以本人工资为基数，按2%的费率缴纳基本医保费。职工个人缴费全部纳入本人医保个人账户。退休人员个人不再缴费，但仍保留其个人账户，满足规定条件的（如累计缴费达到一定年限），继续从医保统筹基金中按缴费职工同样比例向其个人账户划入资金。

（三）个体灵活就业人员缴费

城镇个体工商户和灵活就业人员没有用人单位，由其个人缴纳职工基本医保费。考虑到这类群体普遍收入偏低且不稳定的实际情况，各地大都采取了两项针对性政策：一是允许采用只缴纳社会统筹基金而不建立个人账户的办法，称为“单建统筹”，即按用人单位费率的70%左右缴费，用以保障大病费用需求，而门诊等小病费用则由其本人负担；二是缴费基数通常按照本统筹地区职工社会平均工资的60%确定。这两项弹性措施减轻了这类群体的缴费压力，却保障了其基本医疗需求。

（四）失业人员缴费

失业人员在领取失业救济金期间，由失业保险基金代为缴纳应由用人单位和职工个人缴纳的职工基本医保费，缴费基数的确定与灵活就业人员相同。这一政策保障了失业人员的基本医保需求，并有利于其再就业后职工基本医保权益的累积计算。

二、利息收入

职工基本医保基金（包括统筹基金和个人账户资金）按规定存入财政部门在银行开立的社会保障基金专门账户，所产生的利息记入医保基金。

三、财政补助

职工基本医保基金遵循“以支定收、收支平衡”的原则筹集，通常不需要动用财政资金。但在两种情形下，政府也予以适当补助。一是国家出台重大专项政策。如 2007 年和 2009 年，国务院两次决策，用 3 年时间，帮助地方集中将关闭破产企业退休人员等 1 031 万人纳入职工医保。为此，中央财政共安排 509 亿元专项补助资金，解决了这个重大的历史遗留问题。二是有些统筹地区某些时段出现某些重大变化导致医保基金支付不足，当地政府予以临时性补助。如 2016 年社保基金决算显示，地方政府当年对职工医保基金补助了 75 亿元。

2012—2018 年，全国职工基本医保基金收入和支出持续高速增长，但近几年增长率呈下降趋势。2018 年，全国职工基本医疗保险基金总收入 1.35 万亿元，比 2012 年增长 1.23 倍；总支出 1.07 万亿元，比 2012 年增长 1.20 倍；年末累计结存 1.88 万亿元，相当于 21 个月的支付水平，其中统筹基金累计结存 1.15 万亿元，为制度的持续稳定运行提供了较为充分的财务保障（见表 4-1）。

表 4-1　2012—2018 年职工基本医疗保险基金收支余情况

亿元

年度	基金收入	基金支出	基金结存
2012	6 062	4 869	6 884
2013	7 062	5 830	8 129
2014	8 038	6 697	9 450
2015	9 084	7 532	10 997
2016	10 274	8 287	12 972
2017	12 278	9 467	15 851
2018	13 538	10 707	18 750

资料来源：人力资源社会保障部统计资料，2018 年数据引自国家医疗保障局统计公报。

第四节　职工基本医疗保险待遇

职工基本医保制度的参保人有权享受的基本医保待遇包括患病就医的诊疗费用、住院费用以及购买药品的费用等，但需符合规定的条件并在规定的范围和标准之内。

一、享受条件

职工基本医保基金支付医疗保险费用有三个基本条件。一是本人及所在用人单位须参保缴费，体现权利义务对等原则。实践中，各地通常规定了等待期，即缴费满一定时限后的个人医药费支出才能纳入医保基金支付范围，以防止出现“无病不缴费、有病才参保”的逆向选择。二是参保人须在确定的定点医疗机构就医或定点零售药店购药。例外的情形是，如遇急诊或抢救，在就近医疗机构施治，可以列入基本医保基金支付范围。三是参保人接受的医疗服务或购买的药品在基本医保规定的目录范围之内。

二、住院费用支付

需要住院治疗的疾病一般属于花费较高的大病，是医疗保险分散参保人经济风险的重点。在职工基本医保制度中，把参保人住院费用分为三部分，实行不同的支付政策。

（1）自付段。即参保人的住院费先要由个人自付一定数额，如单次或年度累计 1 000 元以内的部分。

（2）支付段。自付段的上限（例如 1 000 元）称为“起付线”，超过起付线的费用医保基金可以支付；但也不是全额支付，目前支付比例大体在 80% 左右，不同地区的规定略有差别，同一地区对不同级别医疗机构、不同诊疗项目和药品也有不同支付比例的规定。

（3）超额段。医保基金对个人设定了最高支付限额，称为“封顶线”，超过封顶线的费用医保基金不再支付，而由个人自付。目前，职工基本医保费的封顶线一般规定为本地区职工年度平均工资的 6 倍。所有自付费用都可以先用职工医保个人账户来支付。对住院医疗费用设定起付线、支付比例、封顶线，都是为了提高参保人的费用意识，防止“小病大治”，使有限的医保资金能够用于更多的参保人。住院治疗超过封顶线的群体虽然所占比重小，但对一些参保人来说负担沉重，也需要得到适当的经济援助，这方面需求通过补充医疗保险、社会医疗救助以及商业健康保险来满足。

三、门诊费用支付

参保人患普通疾病到门诊就医的费用，一般由其个人账户支付，个人账户支付不足的由个人自付，但也有例外。有些疾病具有长期性，需要不间断治疗和用药，花费也较大。为了减轻这类患者的经济负担，同时也为了避免参保人为获得医保基金支付而争相住院，各地具体规定了一些在门诊治疗的大病或特殊疾病也可以纳入医保统筹基金支付，但支付比例略低于住院费用。

近年来，随着经济社会发展，医疗保险待遇水平稳步提高，受益面不断扩大。2018 年，全国有 19.8 亿人次享受到职工基本医保待遇，比 2012 年增加 7.5 亿人次，年均增长 10.16%。其中，享受普通门急诊待遇 17.1 亿人次，享受门诊大病待遇 2.1 亿人次，享受住院待遇 0.6 亿人次，全国职工基本医保参保人平均门诊就诊 6.2 次，比 2012 年增加 1.6 次；住院率为 18.3%，比 2012 年增加 4.8 个百分点（见图 4-2）。

图 4-2　2012—2018 年职工基本医疗保险享受待遇人次和人均就诊次数

资料来源：国家医疗保障局《2018 年全国基本医疗保障事业发展统计公报》。

2012—2018年，在职工基本医保参保人花费的住院医疗总费用中，医保基金支付的比例保持在72% ~ 73%，而对政策规定范围内的住院费用支付比例始终保持在81%以上。2018年，全国政策范围内支付比例为81.6%，其中三级、二级、一级政策范围内支付比例分别为80.5%、83.5%、85.9%，表明参保人绝大部分合规费用由医保基金负担，医疗保障职能效果明显，群众就医负担有效缓解（见表4-2）。

表4-2　2018年职工医保各级医疗机构住院费用支付比例

%

级别	政策范围内支付比例	政策范围内统筹基金支付比例	实际住院费用支付比例	实际住院费用统筹基金支付比例
全国平均	81.6	79.7	71.8	70.1
三级	80.5	78.4	69.5	67.8
二级	83.5	81.8	76.0	74.5
一级及以下	85.9	84.6	80.0	78.8

资料来源：国家医疗保障局《2018年全国基本医疗保障事业发展统计公报》。

第五节　职工基本医疗保险基金管理

医保基金是所有参保单位和职工个人共有的资产，用于保障患病参保人的基本医疗需求，在中国被称为“保命钱”，必须实行严格的基金管理制度。中国职工基本医保基金的管理措施主要体现在预算管理、基金统筹层次、统筹基金的结算办法以及个人账户管理等方面。

一、职工基本医保基金预算管理

职工基本医保基金预算管理分为宏观和微观两个层面。在宏观层面，依据《社会保险法》关于“社会保险基金通过预算实现收支平衡”的规定，自2010年后，实行全国统一的社会保险基金预算管理制度（见第九章），职工基本医保基金是预算项目之一，按规定单独编制预算。在微观层面，各统筹地区对各定点医疗机构实行付费总额控制，即根据医保基金年度支出预算，确定本地区年度总额控制目标，并以近年各定点医疗机构提供服务和实际发生医疗费用为基础，将总额控制目标分解落实为各医疗机构的医保基金总额控制指标。年终清算时，医疗机构完成了约定服务量、实际费用低于总额控制指标的，结余部分按规定留用或者结转下年使用；如果实际费用高于总额控制指标，其合理部分由医保基金予以一定支付，不合理部分由医疗机构自行承担。这项管理措施已在全国范围内普遍实施，对控制医保基金支出增幅、减少医疗资源浪费发挥了重要作用。

二、职工基本医保基金统筹层次

中国的职工基本医保同其他社会保险制度一样，是从区县一级开始起步探索的，因而长期以来基金统筹层次较低。为增强抵御风险的能力，中国政府一直致力于提高统筹层次；但鉴于医疗资源分布的不均衡性和地区间医疗消费水平的差异，目前规定实行地市级基金统筹，有条件的地区实行省级统筹。

职工基本医保基金纳入统筹地区社会保障基金财政专户管理，需要支付的资金由财政专户按支出预算划拨给社会保险经办机构，再支付给有关医疗机构。

参保人跨统筹地区流动就业，参加新就业地职工基本医保的，转移其医疗保险关系，参保年限累计计算，医保个人账户余额随同划转到新就业地，但不转移医保统筹基金。

三、医疗保险统筹基金结算

《社会保险法》规定："参保人员医疗费用中应当由基本医疗保险基金支付的部分，由社会保险经办机构与医疗机构、药品经营单位直接结算。"在职工基本医保基金管理中，统筹基金是重点，目前各级社会保险经办机构对定点医疗机构普遍实行了医保基金即时结算，包括本统筹地区的结算和异地就医结算。

（一）统筹区域内医保统筹基金即时结算

过去，参保人就医先要自己支付全部医疗费用，然后再凭单据到社保机构报销应由医保基金支付的部分。这种方式过程长，群众"跑腿"多，多病的老年人尤感不便；而且个人垫付资金多，给低收入参保人造成一定经济压力。随着全国统一且加载金融功能的社会保障卡普遍发行和社保机构与定点医疗机构全面联网，2011 年以后实行了新的结算办法——参保人持社会保障卡就医，只需支付按规定自付的医药费，其余部分由社保机构通过网络与医疗机构结算后直接划拨，大大方便了群众，也减轻了参保人的经济负担。

（二）异地就医医保统筹基金联网结算

随着中国人口流动性增强，参保人跨地区就医费用结算的需求越来越强烈，这类群体中包括长期异地就医的参保人，最突出的是随子女异地居住的退休老人。对此，依据《社会保险法》关于"应当建立异地就医医疗费用结算制度，方便参保人员享受基本医疗保险待遇"的规定，中国政府采取了"三步走"的解决策略：首先是结合提高医保基金统筹层次，实现在同一地市范围内统一政策、标准和结算流程，减少各区县之间异地就医的情形；其次是推进省内各统筹地区医保信息联网和统一规程，使参保人在省内跨统筹地区符合规定的就医费用得到即时结算；最后是在此基础上，着手建设全国跨省就医结算信息系统，并于2017年9月全面开通，实现了跨省异地住院费用的医保基金直接结算（以下简称异地结算）。异地结算的重点群体是异地安置的退休人员、有合法居住证明的长期异地居住人员、常驻异地的工作人员和符合政策规定的异地转诊人员。有异地就医需求的参保人，实行预先备案制度，归集于全国联网信息系统，方便参保地和就医地协同管理；同时确定和公布各地提供异地就医服务的所有医疗机构名单，方便参保人选择。医保统筹基金异地就医结算项目，目前限于住院医疗，原则上执行就医地的药品、诊疗、住院设施目录，参保地的待遇支付政策，以就医地为主进行管理，就医地与参保地通过全国联网信息系统按时结算应付基金。随着管理手段优化，以后将逐步扩大医保基金异地就医结算的群体和项目。

无论是本地区医保统筹基金即时结算还是异地就医结算，都结合推进分

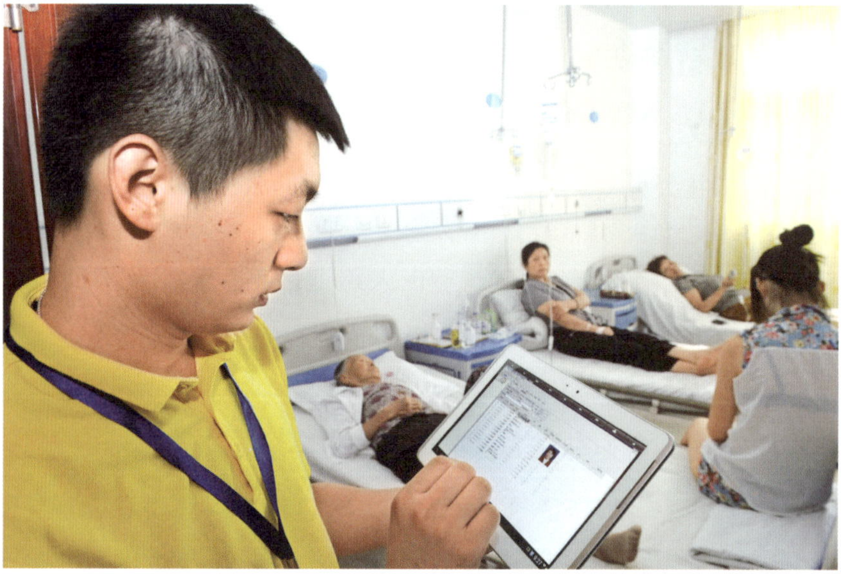

某市人力资源社会保障局工作人员在医院住院部通过平板电脑和4G网络，接入医保信息系统医院稽核模块进行现场稽核。

级诊疗制度，对参保人在不同层级医疗机构就医实行差异化支付政策：对在本地、基层医疗机构就医的，医保基金支付比例较高；对在高等级医院就医或非备案参保人在异地就医的，支付比例相对较低。通过这些政策引导参保人理性、有序就医，充分利用本地和基层医疗服务资源。

四、职工基本医保个人账户管理

职工基本医保的参保人均建有医疗保险个人账户，本人缴费和用人单位缴费的一部分纳入本人个人账户。个人账户资金也是医保基金的组成部分，但与统筹基金分别核算，不得互相挤占。目前实行的管理政策是：个人账户资金主要用于参保人本人支付门诊费用和大病住院费用的自付部分，不得用于非医疗支出；个人账户的本息归个人所有，当年未使用资金可以跨年结转使用；参保人流动就业，个人账户随同转移；参保人亡故，其个人账户剩余资金可以继承。

建立医保个人账户，对于提高职工的参保积极性和增强资源节约意识起到了一定的积极作用，但实践中也出现了个人账户资金结存较多、利用不充分等问题。对此，中国政府正在总结经验，通过逐步拓宽个人账户用途、开展门诊费用统筹等途径，在确保参保人基本医疗保障权益的基础上，提高个人账户资金使用效率。

第六节　职工基本医疗保险的医疗服务管理

医疗保险管理除了参保缴费、待遇支付和基金管理三个环节外，还有医疗服务管理。中国职工基本医保的医疗服务管理，主要手段是两个定点协议、三个目录和改革医保基金支付方式，以此作为待遇给付的重要基础，也借此制约和协调医疗服务供需双方的关系。

一、两个定点协议管理

《社会保险法》规定："社会保险经办机构根据管理服务的需要，可以与医疗机构、药品经营单位签订服务协议，规范医疗服务行为。"现行政策是，为职工基本医保提供服务的医疗机构和零售药店都须经统筹地区医疗保障行政部门审查确认资质，并与社保机构签订定点服务协议。

（一）定点医疗机构

审定定点医疗机构的原则是：方便参保人就医并便于管理；兼顾专科与综合、中医与西医，注重发挥社区卫生服务机构的作用；促进医疗卫生资源的优化配置，提高医疗卫生资源的利用效率，合理控制医疗服务成本和提高医疗服务质量。在一个统筹地区通常开放所有符合条件的医疗机构作为定点，获得定点资格的专科医疗机构和中医医疗机构可以作为全体参保人的定点医疗机构。除此之外，参保人一般可选择 3 ～ 5 家不同层次的医疗机构（有管理能力的地区可适当扩大），其中至少应包括 1 ～ 2 家基层医疗机构。截至 2018 年年底，全国各级各类医疗保险定点医疗机构有 19.35 万家，其中基层医疗机构有 16.84 万家，占定点医疗机构总数的 87%，总体能够满足职工基本医疗服务需求。社保机构与定点医疗机构签订的服务管理协议，内容包括服务人群、服务范围、服务内容、服务质量、医疗费用结算办法、医疗费用支付标准以及医疗费用审核与控制等，明确双方的责任、权利和义务。定点医疗机构为参保人提供的医疗服务，由医保基金按协议规定支付资金。

（二）定点零售药店

定点零售药店的职责是为参保人提供处方外配服务。审定定点零售药店的原则是：保证基本医疗保险用药的品种和质量，合理控制药品服务成本，方便参保人就医后购药，同时还必须具备为医保服务的条件，如及时供应医保用药、保证24小时服务、配备在岗药师、承诺执行医保政策规定等。截至2018年年底，全国医保定点零售药店有34.12万家。社保机构与定点零售药店签订的服务管理协议，内容包括服务范围、服务内容、服务质量、药费结算办法以及药费审核与控制等，明确双方的责任、权利和义务。对违反药品价格政策或有关管理规定（如允许参保人用医保个人账户资金购买非医保药品及其他消费品）的定点零售药店，社保机构依据协议予以制止和处罚，直至终止定点资格。

社保机构与定点医疗机构或定点零售药店签订的服务管理协议有效期一般为一年，任何一方违反协议，对方均有权解除协议，但须提前通知对方和有关参保人，并报统筹地区社会保险行政部门备案。

二、三个目录管理

（一）基本医保药品目录管理

2000年，国家首次制定颁布职工基本医疗保险药品目录，目的是根据基金支付能力确定基本医保用药范围，规范管理，促进优化用药结构，提高医保资金使用效率。国家制定医疗保险药品目录，遵循公开、公平、公正的原则，并实行严格的程序（见图4-3），由专家遴选产生药品目录，而不是由行政机构来决定，防止暗箱操作和利益输送。

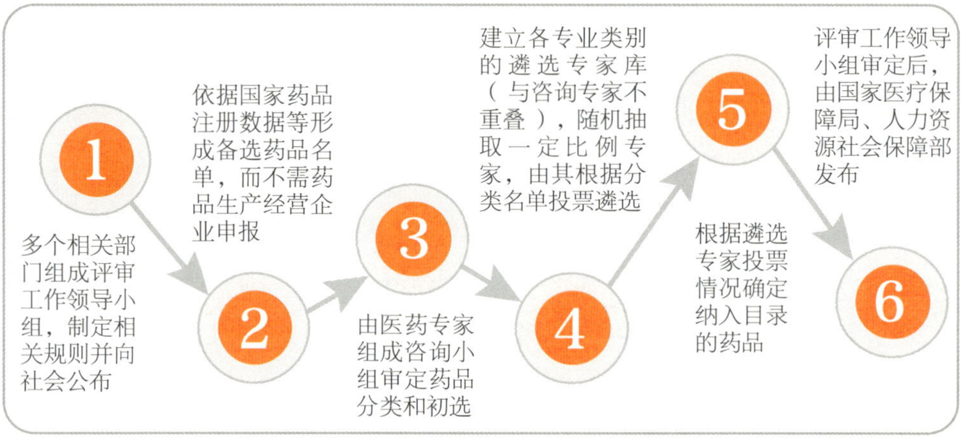

图 4-3　国家制定基本医疗保险药品目录程序

此外，国家和地方还通过专门谈判的方式，将某些对特定病种有明显疗效但价格昂贵的药品纳入医疗保险药品目录，并支付部分费用。2017 年，人力资源社会保障部组织专家与 34 家药品企业一对一谈判，在 45 种专利独家药品中确定 36 种纳入基本医疗保险支付范围，平均降价 44.1%。2018 年，国家医疗保障局将 17 种抗癌药纳入国家基本医疗保险药品目录乙类范围，并确定了支付标准。2019 年，对于临床价值高但价格昂贵或对基金影响较大的专利独家药品，通过专家评审和投票遴选，并向企业确认谈判意向，最终确定 119 个药品作为新增谈判品种。这些药品的治疗领域主要涉及癌症、罕见病等重大疾病，丙肝、乙肝以及高血压、糖尿病等慢性病。

经过几次调整，目前执行的 2019 版国家基本医疗保险药品目录，共收录药品 2 709 个，其中西药 1 279 个，中成药和民族药 1 316 个，协议期内谈判药品部分 114 个，基本能够覆盖临床主要疾病病种的治疗用药。治疗高血压、糖尿病等疾病的门诊用药均纳入医保基金支付范围，进一步减轻了这类慢性病患者群体的经济负担。在国家目录基础上，省级地方可以根据本地用药习惯和经济发展水平，严格执行规定程序，在一定幅度内增加药品进入本地基本医疗保险药品目录。

（二）基本医保诊疗项目管理

对纳入医保基金支付范围的诊断、治疗项目实行目录式管理，以防止因过度诊疗或消耗材料而导致资源浪费。项目目录分为两类：一是医疗技术劳务，表现为诊疗费、手术费、化验费、护理费等费用；二是医疗设备和医用材料的消耗，表现为使用诊断设备、化验仪器和医用耗材的费用。现行职工基本医保的诊疗项目分为两级。第一级，国家采用排除法确定诊疗项目范围，即规定医保基金不予支付的项目（如护工、住院餐饮等生活服务费用和医院改善生活环境的设备消耗等费用）和只支付部分费用的项目（如虽属临床诊疗必需、效果确定，但容易被滥用或费用昂贵的项目）。第二级，省级地方政府依据国家确定的范围，根据本地医疗服务收费标准，制定本地区诊疗项目目录，纳入目录的诊疗项目应当是临床必需、安全有效、有明确价格标准、费用适宜且定点医疗机构能够提供的。各统筹地区执行省级诊疗项目目录，并对目录内的项目具体规定个人自付比例及特定项目的使用范围。参保人就诊，社保机构按照诊疗项目目录规定从医保基金支付有关费用。

（三）基本医保服务设施目录管理

对参保人在接受诊疗和护理过程中必需的生活服务设施实行目录式管理，以防止少数人过高消费而过度占用大多数人的医保基金资源。目前职工基本医保主要限定为住院（也包括门诊、急诊期间的留观病床）的服务设施。国家统一确定纳入医保基金支付范围的设施使用种类，支付标准按照省级物价部门规定的普通住院病房费标准确定。参保人有权选择使用较好的服务设施，但超出医保基金支付范围和标准的费用由其自付。

三、医保基金采用多种支付方式

医保基金的大部分支付给定点医疗机构（以下统称医院），成为各类医院收入的主要来源。社保机构作为医保基金的管理者，同时作为介于医疗服务提供者与受益者之间的第三方，确定恰当的基金支付方式，有利于缓解医疗消费信息不对称的矛盾，提高医保基金使用效率。自建立劳保医疗、公费医疗制度以来，中国在很长时间内实行单一的按项目付费方式，随着医保制度和医疗卫生体制改革的深化，逐渐发展为根据医疗服务的不同特点采取不同的支付方式。目前，职工基本医保基金主要有五种支付方式。

（一）按服务项目付费

根据医院提供的医疗服务记录，按每一个医疗服务项目（诊断、治疗、化验、药品、麻醉、护理等）的价格与数量向其支付费用。这种方式简便易行，但容易过度细分服务项目导致“小病大治”，因而逐渐减少。

（二）按病种付费

一般用于住院或门诊大病费用的支付。根据治疗某一特定疾病（一般是诊疗方案和出入院标准比较明确、诊疗技术比较成熟的疾病）的平均成本，预先制定该病种的支付标准，医保基金按照标准和治疗人数支付费用。采用这种支付方式，医院治疗某种疾病的实际花费越低，收益就越多，有利于促进降低成本、提高医疗水平。但许多疾病都不是单发的，常伴有多种合并症，因而这种方式受到一定局限。目前多数统筹地区开展了按病种付费的探索，但实施的病种数量相差很大，多的达到数百种，少的只有几种。

（三）按疾病诊断相关组付费

疾病诊断相关组付费（Diagnosis Related Groups-Prospective Payment System，DRGs-PPS）是以住院患者病案信息为基础，综合考虑疾病诊断、患者年龄、治疗方式、合并症、并发症以及病症严重程度等个体特征，按照临床路径相似、资源消耗相近的原则，将患者分为若干病组进行管理的工具。其应用于医保付费，可以覆盖绝大多数住院病例，有利于对医院绩效进行客观考核评价，规范医疗行为，控制成本。这种支付方式对基础信息采集和综合分析的要求很高，在前几年个别地区探索的基础上，2019 年国务院有关部门确定了 30 个城市，作为 DRGs 付费的国家试点城市。

（四）按人头付费

主要用于支付普通门诊费用。即预先确定基本医疗服务包的内容及对每个参保人的付费标准，医保基金按照医疗机构签约服务的参保人数向其支付费用。采用这种方式，医疗机构收入取决于人头付费标准高低和服务人数多少，有利于促进其增加服务人数，降低单位服务成本。目前在基层医疗机构采用较多。

（五）按服务单元付费

即对医疗过程按特定参数把相同部分归为一个单元，医保基金按各服务单元确定的预算额度向医院付费，常见的有按门诊人次付费、按住院病床付费、按住院日付费等。这种方式具有单元预算包干性质，有利于降低服务单元成本，提高工作效率；但需要通过大量实践数据确定和调整服务单元预算额度，如果管理不善，容易出现人为增加服务单元数量的弊端。目前在少数地区探索实行。

医保基金各种支付方式各有其利弊和适用条件，目前大部分地区多采用混合型的支付方式。

第七节　职工补充医疗保险

中国医疗保障体系的主体是基本医疗保险制度，在此基础上还实行了职工补充医疗保险、城乡居民大病保险（见第五章）和医疗救助（见第十二章）制度，形成了多层次结构。职工基本医保制度主要保障参保人的基本医疗需求，同时国家规定或支持建立适用于职工群体的补充性医疗保障，包括公务员医疗补助、企业补充医疗保险（大额医疗费补助），鼓励发展商业健康保险，用于满足人民群众提高保障水平及对特定医疗的需求。后两类计划都不是通过国家立法强制实施的，而是在单位和职工参加统一的基本医疗保险后，根据需求和可能由用人单位和职工个人自愿建立或加入的；各地或不同组织对职工补充性医疗保险的具体政策规定也不尽相同。

一、公务员医疗补助

1998 年城镇职工基本医疗保险制度改革，取代了实行多年的公费医疗。为保证相关群体原有医疗待遇不降低，国家实行公务员医疗补助政策。实施范围是国家机关的工作人员和退休人员以及依照、参照公务员法管理的单位的人员。所需经费按照财政管理体制，由同级政府预算安排，具体标准由地区确定。公务员医疗补助的支付范围主要是补助基本医保基金支付封顶线以上符合三个目录规定的医疗费用，补助基本医保支付范围内个人自付超过一定数额的医疗费用，以及对中央和省级政府确定的医疗照顾人员按规定予以补助。公务员医疗补助资金的管理层次由省级政府确定，专款专用，单独建账，与职工基本医保基金分别核算管理。

二、企业补充医疗保险

企业补充医疗保险也是在 1998 年改革城镇职工基本医疗保险制度的同时实行的，施行范围是企业及其职工。这是一项自愿建立的保障计划，前提条件是企业参加了职工基本医保并有足够的资金承受能力。企业补充医疗保险资金来源于企业及其职工供款，供款标准由双方协商确定；国家给予的政策支持主要是减税措施，企业供款在相当于工资总额 5% 以内的部分不列入计征企业所得税的基数。举办企业补充医疗保险的形式可以是向商业保险机构投保，也可以委托社保机构管理，还可以由大企业自办。企业补充医疗保险用于举办者确定的基本医保支付待遇以外的医疗费用，其资金须独立于举办企业的其他资金，专款专用。一些地区把补充医疗保险的实施范围扩大到实行公务员医疗补助之外的所有企事业单位，随同职工参加基本医保，由用人单位和职工个人按一定数额（通常为每人每年几十元）缴费，统筹互济，主要用于解决参保职工年度内超过基本医保统筹基金封顶线以上部分的医疗费用问题，称为“大额医疗费补助”。补助标准由各统筹地区结合本地实际确定，资金通常由各级社保机构管理，也有地区委托商业保险机构代管，但都须与基本医保基金分别核算。

三、职工互助医疗保险

在一些企业内部，还实行（或保留）了职工互助医疗保险制度。一般是由企业工会组织发起和承办，职工自愿参加并缴纳互助保险金。参加互助保险的职工在享受基本医保待遇后，个人自付医疗费用超过一定数额时，可以申请职工互助医疗保险基金予以补助；职工家属患大病、重病，出现个人医疗费用负担较重的情形，互助医疗保险基金也可以给予一定补助。这类计划体现了劳动群众之间的互助共济，是国家支持和提倡的。

四、商业健康医疗保险

商业健康医疗保险由个人自愿投保（也有用人单位组织的团体保险），按照保险契约理赔。目前中国商业保险机构提供的健康保险产品，主要有疾病保险、医疗保险、失能收入损失保险、护理保险四类。疾病保险是对发生特定疾病的被保险人支付保险赔偿金；医疗保险是对保险对象发生疾病时的医疗费用进行补偿；失能收入损失保险是对因疾病、意外伤害导致工作能力丧失时支付赔偿金；护理保险是对发生约定的日常生活能力障碍且需要护理的被保险人给予一定费用的支付。在中国全民医保体系基本建立的背景下，各类商业健康医疗保险主要支付基本医保政策规定范围之外的医疗费用，以满足更高和更加多样化的医疗保障需求。因此，目前推行的商业健康医疗保险产品和服务，大都与基本医保统筹基金以及职工补充医疗保险、居民大病保险支付的范围、项目、标准相衔接，形成了配套性的制度安排。

中国职工医疗保险制度经过多年改革发展，初步形成了稳定的制度安排和完整的政策体系，对于保障数亿职工和退休人员身体健康、减轻个人和家庭负担、分散用人单位经济风险起到了重要作用。职工医疗保险制度与城乡居民医疗保险制度、医疗救助制度共同构成中国的全民医保体系，是中国经济持续发展的结果，也是中国社会进步的一大体现。

第五章
城乡居民医疗保险制度

中国的全民医疗保障体系由三大制度构成，与第四章介绍的职工医疗保险制度并行的，还有城乡居民医疗保险制度（包括基本医疗保险和大病医疗保险）和医疗救助制度（见第十二章）。

第一节　城乡居民基本医疗保险

一、城乡居民基本医疗保险的发展沿革

早在20世纪50年代，中国农村就出现过农民自发组织的乡村合作医疗的雏形，通过农村集体经济组织提取公益金和农民少量缴费筹资，由乡村医务人员提供基本医疗卫生服务。经政府总结和推行，农村合作医疗（后来被称为“老农合”）在20世纪六七十年代发展到高峰，曾覆盖到90%的农村集体经济组织和80%的农村人口，被世界银行称为“低收入发展中国家举世无双的成就”。在当时经济社会发展条件下，老农合的兴起对缓解中国农村地区

缺医少药矛盾发挥了重要作用。实行农村家庭联产承包责任制后，农村集体经济组织保障能力弱化，老农合逐渐萎缩。

进入21世纪，中国政府高度重视经济社会协调发展和城乡统筹，针对再度凸显的农村地区缺医少药矛盾，决定建立新型农村合作医疗制度，称为“新农合”，由政府卫生部门负责组织和管理。经过2003—2007年的试点，新农合在2008年全面推行。2007年，又针对城镇非从业居民缺乏基本医疗保障问题，试点建立城镇居民基本医疗保险制度，由政府人力资源社会保障部门负责组织实施。城居医保于2009年在全国普及。

2016年，中国政府决定将基本政策大体一致的新农合、城居医保两项制度逐步统一为城乡居民基本医疗保险。2018年政府机构改革，新组建了国家医疗保障局，居民医保连同职工医保和医疗救助，由政府医疗保障部门统一管理。目前，全国大多数地区已经将两项制度统一为居民医保，增强了社会公平性，也提高了基金抗风险能力和医疗保险经办管理服务效能。中央政府要求，尚未完成制度整合统一的地区，要在2019年年底前实现两项制度并轨运行，向统一的城乡居民医保制度过渡。

居民医保与职工医保同为基本医疗保险制度，有着共同的基本属性，如建立基金实行统筹互济，分散患者医疗费用经济风险；遵循权利与义务对等原则，参保缴费者才能享有医疗保障权利；由政府依法组织实施，不以营利为目的等。同时也有其特征：一是自愿性，居民医保不采取职工基本医保那样的强制性参保措施，而是政府通过缴费补贴政策，引导居民自愿参保，促进实现全覆盖目标；二是保基本，通过基金社会统筹重点保障居民住院医疗等大病医疗费用需求，通常不建立个人账户；三是有弹性，中央确定筹资和待遇的最低标准，各地区可以依据城乡之间、地区之间经济社会发展差异和居民经济承受能力，具体制定相关政策标准。

二、居民医保的覆盖范围

新农合、城居医保制度分别施行时，前者覆盖所有农村居民，以家庭为单位自愿参合；后者覆盖不属于职工医保制度规定范围内的城镇在校学生、少年儿童和其他非从业城镇居民，被称为“一老一小”，从2009年起又陆续将2 000多万名在校大学生纳入覆盖范围，以个人为单位自愿参保。统一实行居民医保后，所有不属于职工医保参保范围的人员都被纳入居民医保覆盖范围，在参保方式上一般按人群来组织参保。

表5-1反映，新农合、城居医保在2012年全面普及后，2013年参合、参保合计人数达到最高值；之后，一些地区开始整合两项制度，剔除了一些重复统计的数据，参保（合）总人数逐年略减；2017年国务院推行统一的城乡居民医保制度，当年人力资源社会保障部门组织实施的居民医保参保人数猛增；2018年，各项医疗保险由国家医疗保障局管理，全国纳入统一的城乡居民医保制度的人数近9亿人，只有1.3亿人仍参加单独的新农合制度，他们也将很快被纳入统一制度。

表5-1　2009—2018年城乡居民基本医疗保险参保（合）情况

亿人

年度	新农合	城居医保（居民医保）	合计
2009	8.33	1.82	10.15
2010	8.36	1.95	10.31
2011	8.32	2.21	10.53
2012	8.05	2.72	10.77
2013	8.02	2.96	10.98
2014	7.36	3.15	10.51
2015	6.50	3.77	10.27

续表

年度	新农合	城居医保（居民医保）	合计
2016	2.75	4.49	7.24
2017	1.33	8.74	10.07
2018	1.30	8.97	10.27

资料来源：卫生部（国家卫生计生委）及人力资源社会保障部历年统计公报，其中 2016 年各地区新农合参合人数统计不完整；2018 年数据引自国家医疗保障局统计公报。

三、居民医保的资金筹集

居民医保的筹资实行个人缴费与政府财政补贴相结合。个人缴费体现了权利与义务对应原则，财政补贴体现了政府保障基本民生的责任，也是新农合与老农合的显著区别。

居民医保的个人缴费采取按年度定额缴纳的方式，中央确定最低标准，各统筹地区根据本地实际情况确定具体标准。新农合试点初期，个人缴费标准为每人每年不低于 10 元；2007 年城居医保开始试点时，维持了这一最低个人缴费标准；随着政府补贴逐步增加，相应调整了个人缴费标准，2019 年达到不低于每人每年 250 元。但各统筹地区对居民中的成年人和少年儿童实行不同的缴费标准。

对居民医保的财政补贴由各级政府分别承担。新农合试点初期，各级政府就设立了专项财政补助资金，其中地方财政每年对参合农民的资助不少于人均 10 元，中央财政通过专项转移支付，每年对中西部地区的参合农民按人均 10 元安排补助资金。2007 年城居医保开始试点时，各级政府对两项制度的专项财政补助标准已提高到每年人均不低于 40 元，其中中央财政对中西部地区的转移支付标准为参合、参保居民每人每年 20 元。表 5–2 反映，2012 年居民医保的人均筹资标准达到了 300 元，其中各级政府财政补助标准提高到

240 元，当年实际人均筹资，新农合为 308.5 元，城镇居民为 313 元。随着中国经济社会发展，居民医保的筹资水平进一步提高，到 2019 年，全国居民医保的人均筹资标准达到 770 元，其中统一的财政补助最低标准为每人每年 520 元，个人缴费为每人每年 250 元。政府在增加财政补助的同时，也在调整筹资结构，2019 年与 2012 年相比，最低筹资总水平增长两倍多，其中居民个人缴费占比虽然还低于政府补助，但已从五分之一提高到三分之一左右。

表 5-2　2012—2019 年城乡居民基本医疗保险筹资标准

元 / 人 · 年

年度	财政补助	比上年增加	居民缴费	比上年增加
2012	240	40	60	—
2013	280	40	70	10
2014	320	40	90	20
2015	380	60	≥ 120	30
2016	420	40	≥ 150	30
2017	450	30	≥ 180	30
2018	≥ 490	40	≥ 220	40
2019	≥ 520	30	≥ 250	30

随着覆盖面和筹资标准的逐年提高，城乡居民医保基金的收入增长迅速，大大增强了该制度的可及性和疾病风险保障能力。图 5-1 反映，2018 年我国居民医保基金收入规模达到 6 971 亿元，加上还未整合的新农合基金 875 亿元，城乡居民医保基金总收入达到 7 846 亿元，相比 2012 年的 3 364.7 亿元（居民医保基金收入 877 亿元，新农合基金收入 2 487.7 亿元），增长了 2.33 倍。

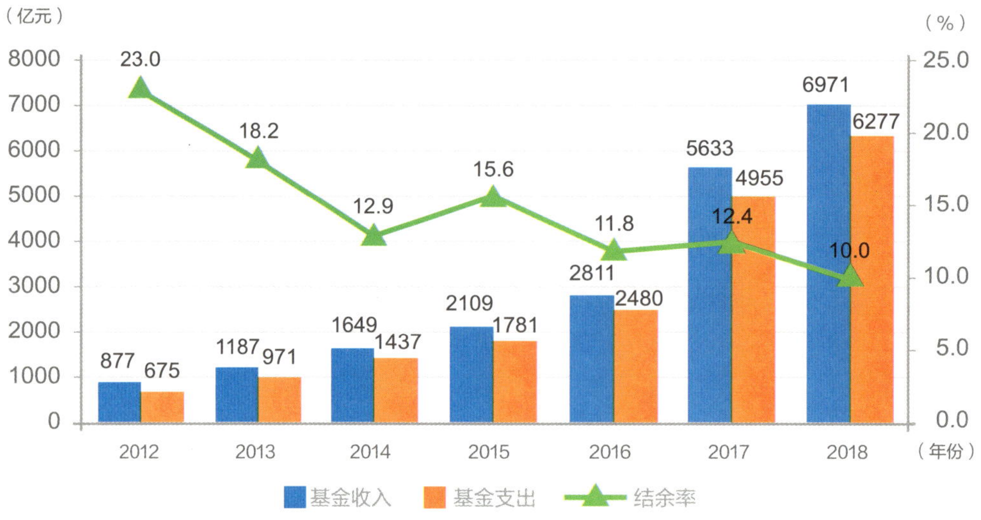

图 5-1　2012—2018 年居民医保基金收支情况

资料来源：国家医疗保障局《2018 年全国基本医疗保障事业发展统计公报》。

注：居民医保收支情况不包括新农合基金收支数据。

四、居民医保的待遇给付

城乡居民享受居民医保待遇的条件与职工基本医保相似，同样要求参保缴费，一些地方针对特殊情况（如断保后重新参保）设定了等待期（如缴费 6 个月后）；除急诊或抢救外，需在定点医疗机构就医；接受的医疗服务和用药应在居民医保规定的目录范围之内。

居民医保不建立个人账户，因而待遇给付主要体现在住院医疗和门诊大病费用方面。参保人住院费用同样实行起付线、支付比例、封顶线政策，具体标准由各地区确定，但鉴于居民的收入水平，规定起付线应低于职工医保标准；政策范围内住院费用的基金支付比例，目标设定为 75% 左右，目前全国实际平均为 65% 左右；封顶线不低于本地区城乡居民人均可支配收入的 6 倍；起付线以下、支付比例以外和封顶线以上的医药费用由居民自行承担。

2010年以后，居民医保在重点保住院、保大病需求的基础上，开始探索实行门诊医疗费用统筹，基本方式是从居民医保基金中划拨一部分或另外筹资，对参保居民罹患慢性病和常见病到门诊就医的费用也予以一定比例支付，适当减轻部分长期慢性病患者的医疗费用负担。具体划拨比例或筹资标准以及给付水平，由各统筹地区确定。2015年国家统一规定，居民医保门诊统筹的支付比例不低于50%。表5-3是北京市2017年的政策实例，反映了经济发展水平较高地区的给付标准。

表5-3　北京市城乡居民基本医疗保险待遇情况

分类	起付标准／元			报销比例／%			封顶线／万元
	一级及以下	二级	三级	一级及以下	二级	三级	
门诊待遇	100	550		55	50		0.3
住院待遇	300	800	1 300	80	78	75	20

注：

① 表列住院待遇起付标准适用于老年人、劳动年龄内居民首次住院；在一个医疗保险结算年度内第二次及以后住院，以及学生儿童住院，按此标准的50%起付。

② 一级、二级、三级是指医疗机构的等级，等级越高则医保基金起付标准越高，报销比例越低。

2018年，全国居民医保基金支出6 277亿元，加上还未整合的新农合基金支出839亿元，城乡居民医保基金总支出达到7 116亿元。2018年，居民医保参保人员共享受待遇16.2亿人次，人均享受门诊待遇1.7次。居民医保基金和未整合的新农合基金累计结存4 690亿元。[①]

五、居民医保基金管理和医疗服务管理

居民医保基金的管理层级从试点初期的区县级统筹逐步提高到目前以地市级统筹为主，两项制度统一后，国家指导有条件的地区实行省级统筹。

① 国家医疗保障局《2018年全国基本医疗保障事业发展统计公报》。

居民医保基金纳入社会保障基金财政专户，从2012年起，按照“以收定支、收支平衡、略有结余”的原则实行预算管理，同时要求合理控制基金当年结余率和累计结余率，以使资金更有效地用于当年待遇给付。2018年，全国居民医保基金总支出约为总收入的90%，累计结存基金相当于7.8个月的支付额，总体是适当的。

居民医保也对医疗服务机构实行定点管理，医疗保险经办机构与定点医疗机构签订服务管理协议，参保人可在定点医疗机构中选择几家不同等级的医疗机构就医，并同职工医保一样执行医保药品、诊疗项目、医疗服务设施三个目录管理。

居民医保基金对定点医疗机构的费用支付也有按服务项目付费、按病种付费、按疾病诊断相关组付费、按人头付费、按服务单元付费等多种方式。目前，已全面实现了医疗保险经办机构对参保人住院医疗费用与定点医院直接结算。

六、居民医保的医保关系转移接续和异地就医

中国的经济发展很快，城镇和农村居民到城市或跨地区就业、居住的人口众多，这些流动就业人员及其家庭成员会面临在哪个地区参加哪种医保制度的选择问题。在统一城乡居民医保制度之前，国家确定的基本原则是：按照现行规定相应参加职工医保、城居医保或新农合，不得同时参加和重复享受待遇，各地不得以户籍等原因设置参加障碍。其中，在城镇单位就业并有稳定劳动关系的农民工，随用人单位参加就业地职工医保；其他流动就业的，可自愿选择参加户籍所在地新农合或就业地城居医保，并按照有关规定到户籍所在地或就业地办理登记手续。对参保（合）后又流动的人员，分两种情形作出规定：新农合参合人员参加城居医保后，退出原地区新农合，不再享

受新农合待遇；由于劳动关系终止或其他原因终止城居医保关系的农民工及其家属、子女，可以向户籍所在地申请参加新农合。在两项制度统一后，这些基本原则仍然适用，但需对具体政策进行梳理。

城乡居民参保（合）人员跨统筹地区异地就医的医保结算，基本政策与职工医保制度相同，主要适用于长期异地居住或符合异地转诊规范的住院治疗。2015 年，中国政府推动在地市和省（区、市）范围内基本实现异地就医住院费用直接结算；2017 年全面开通了全国跨省就医结算信息系统，共确定 1.54 万家医疗机构提供跨省异地住院服务，备案的参保人在这些医疗机构异地就医的医疗费用由医保基金直接结算支付，再在各地医保机构之间清算。2018 年共有 132 万人次跨省异地就医实现了直接结算。

第二节　城乡居民大病保险

在城乡居民基本医疗保险基础上，为进一步减轻城乡居民大病患者的经济负担，2012 年中国政府推出了城乡居民大病保险制度（以下简称大病保险）。经过几年局部地区的尝试，2015 年这项制度在全国各地全面施行。

一、覆盖范围

大病保险的覆盖范围是所有参加了城乡居民基本医疗保险的人员。由于职工医保参保人有补充性医疗保险的制度安排，故不属于大病保险覆盖群体。

二、资金筹集

大病保险的资金来源是从居民医保基金中划出一定比例或额度，不再额外增加参保（合）人的个人缴费负担。居民医保基金有结余的地区，利用结余筹集大病保险资金；结余不足或没有结余的地区，在年度筹集的基金中予以安排。筹资标准由各地根据本地经济社会发展水平、患大病发生的高额医疗费用情况、基本医保筹资能力和支付水平以及大病保障水平等因素，科学测算确定。2017 年各地平均筹资标准为每人每年 33 元。2019 年国家统一提高对居民医保的财政补助标准，人均新增 30 元，确定其中一半（15 元）用于提高大病保险保障能力。大病保险的资金管理层级与居民医保一致，即原则上实行地市级统筹，鼓励省级统筹或全省统一政策、统一组织实施。

三、待遇给付

大病保险主要针对参保人罹患重大疾病、发生高额医疗费用的情况，对居民医保补偿后需个人负担的合规医疗费用给予保障。合规医疗费用是指实际发生的、合理的医疗费用，具体范围由地方政府确定。高额医疗费用的标准一般以个人年度累计负担的合规医疗费用超过当地上年城乡居民年人均可支配收入的情况作为主要测算依据，并根据城乡居民收入变化情况，建立动态调整机制。大病保险对居民大病患者在基本医保基金结算后的支付比例，由地方按照医疗费用高低分段制定，原则上合规医疗费用越多，支付比例越高，以提高大病保险制度托底保障的精准性。2017 年，全国平均支付比例达到 50% 以上，使大病患者医疗费用的自付比例降低了 10 个百分点；2019 年降低并统一了全国大病保险的起付线，支付比例提高到 60%。

四、承办服务

坚持政府主导、专业承办原则，引入市场机制，主要采取向商业保险机构购买大病保险的方式。地方政府有关部门制定大病保险的筹资标准、支付范围、最低补偿比例以及就医、结算管理等基本政策要求，并通过政府招标选定承办的商业保险机构。投标的商业保险机构须明确所承办的大病保险的具体补偿比例、盈亏率，并承诺配备必需的专业人员、信息技术和管理资源。商业保险机构中标后，以保险合同形式承办大病保险，国家对这项保费收入按现行规定免征营业税，免征保险业务监管费，并阶段性免征保险保证金。承办大病保险的商业保险机构自担经营风险，地方政府建立大病保险收支结余和政策性亏损的动态调整机制，按照收支平衡、保本微利的原则，合理控制其盈利率。商业保险机构因承办大病保险出现超过合同约定的结余，需向居民医保基金返还资金；因居民医保政策调整等政策性原因给商业保险机构带来亏损时，由居民医保基金和商业保险机构分摊，具体分摊比例由双方协商确定。政府有关部门加强监管，督促提高服务质量，维护参保人信息安全，加强偿付能力和规范医疗服务行为，保证基金安全，对违法违约行为及时进行处理。以深圳市为例，2015 年经市政府招标，某商业保险有限公司承办了该市大病保险，合同期内保费标准为每医保年度每人 20 元，至今已为 16 710 人合计赔付 18 572 万元，其中单人赔付最高额为 73.48 万元。

建立城乡居民大病保险制度是中国政府提高居民医疗保障水平的又一重大举措。大病保险是对基本医疗保险制度的拓展和补充，连同医疗救助等制度，共同发挥托底保障功能，有效防止发生家庭灾难性支出，切实避免人民群众因病致贫、因病返贫。

第三节　长期护理保险

2016 年，国家“十三五”规划纲要明确提出探索建立长期护理保险制度。同年 7 月，人力资源社会保障部制定《关于开展长期护理保险制度试点的指导意见》，并选择 15 个城市开展长期护理保险制度试点。

中国试点建立的长期护理保险，是以社会互助共济方式筹集资金，对经评估达到一定护理需求等级的长期失能参保人，为其基本生活照料和与基本生活密切相关的医疗护理提供服务或资金保障的社会保险制度。这项制度不完全属于医疗保障范畴，兼有老年服务保障的功能，但在多个方面与医疗保障密切相关：一是目前确定的适用对象必须是基本医疗保险参保人；二是筹资主要来源于医疗保险基金；三是服务内容既有日常生活照料，也包含所需的医疗护理。因此，长期护理保险工作以政府医疗保障部门为主负责，卫生健康、民政、人力资源社会保障、财政等部门按各自职责参与管理。

一、适用对象

社会上需要长期护理的群体有多种类型，目前中国试行的长期护理保险制度，以长期处于失能状态的老年人为保障对象。在已经开展试点的城市，参保范围先从职工基本医疗保险参保人开始，然后向城乡居民基本医疗保险参保人扩大。如广州市、成都市目前只覆盖职工医保参保人，上海市扩大到居民医保 60 周岁以上参保人，青岛市、长春市则适用于职工医保和居民医保所有参保人。

二、资金筹集

长期护理保险的筹资，坚持政府、单位与个人分担的原则，可以通过优化职工医保统筹与个人账户结构、划转职工医保统筹基金结余、调剂职工医保费率等途径筹集，并逐步探索建立互助共济、责任共担的多渠道筹资机制。筹资标准由试点地区根据经济发展水平、护理需求、护理服务成本以及保障范围和水平等因素，按照“以收定支、收支平衡、略有结余”的原则合理确定，并建立与经济社会发展相适应的保障水平动态筹资机制。实践中，有些城市采取完全从职工基本医保基金中划拨一部分作为长期护理保险筹资（平移式），有些城市在平移医保基金之外再由参保人缴纳一定费用，还有些城市对长期护理保险给予了适当财政补助（见表 5-4）。

表 5-4　试点城市长期护理保险筹资方式

试点城市	筹资模式	筹资方式
青岛	完全平移式	从职工医保统筹基金、个人账户和居民医保基金中按比例划拨，用人单位与个人不需另缴费。其中，从职工医保累计结存基金中一次性划转 20% 作为启动资金；按职工医保参保人个人账户月记入总额的 0.5 个百分点，每月从统筹基金划拨；按当年居民医保筹资总额的 10% 划拨资金。职工和居民筹资分账核算
上海	平移＋缴费式	分两类人员分别筹资。第一类人员由用人单位按本单位职工医保缴费基数之和的 1% 缴费，在职职工个人按缴费基数的 0.1% 缴费。第二类人员按略低于第一类人员的人均筹资水平确定筹资标准，个人缴费部分占总筹资额的 15% 左右，其余部分由市、区财政按照 1∶1 比例分担
南通	多渠道式	按每人每年 100 元的标准筹资，其中个人缴费 30 元，医保基金划拨 40 元，财政补助 30 元

三、服务形式

试点中主要有三种服务形式。一是社区居家照护。参保人日常居所不变，由养老服务机构、基层医疗卫生机构或专业护理机构为其提供上门服务或社区照料。这是最普遍的服务形式。二是养老机构照护。失能程度已不适于居家照护的参保人，入住专业养老机构，享受基本生活照料和与基本生活密切相关的医疗护理服务。三是住院医疗护理。有医疗护理专门需求的参保人，在基层医疗卫生机构、护理院或符合条件的医院享受医疗护理服务。无论何种形式服务，都兼顾生活照料和医疗护理两方面。前者需要经过培训、有资质的人员提供服务，如为失能老年人清洁头面部、协助进食进水等；后者更要求根据医嘱由执业护士完成，如鼻饲、药物喂服等。

四、待遇给付

护理服务机构和护理人员为参保人提供的符合规定的护理服务所发生的费用，由长期护理保险基金按确定的比例支付。总的支付水平控制在70%左右，但根据服务方式、护理等级等不同，实行差别化的支付形式和标准，如按期（日、月、年）付费，按服务项目付费，按服务次数付费等。具体待遇享受条件和支付比例，由试点地区确定。

最早进行长期护理保险探索的青岛市，自2012年以来，已有近5万名失能、半失能老年人享受了长期护理服务，累计支付保险基金12亿多元。其中，1.5万多名老年人临终在床生存时间平均为310天，90%以上的费用由长期护理保险基金支付，参保人家庭负担大大减轻。通过长期护理保险基金统一购买护理服务床位，比失能老年人分散住院降低了成本，同时促进了医养健康产业的发展，承担长期护理保险服务的定点机构从最初的4家发展到638家。

2016年中国第四次城乡老年人生活状况抽样调查结果显示，失能、半失能老年人已超过4 000万人，其中完全失能老年人有1 200万人，由此带来的长期照护需求激增与家庭自我服务能力下降的矛盾，将成为日渐突出的社会问题，青岛等试点城市为解决这一矛盾提供了示范。2019年《政府工作报告》宣布："扩大长期护理保险制度试点，让老年人拥有幸福的晚年，后来人就有可期的未来。"

第六章
工伤保障制度

工伤保障又称职业伤害保障，是通过对在工作过程中受到事故伤害或因从事有损健康的工作罹患职业病而遭受损失甚至丧失劳动能力的职工，以及对因工死亡职工的遗属提供经济补偿或物质帮助的一种保障制度。工伤保障有两种常见模式：一是社会保险，由政府或法定机构组织用人单位参加，通过缴费建立基金，实行社会统筹；二是雇主责任模式，不建立专项基金，用人单位按照法律规定对工伤职工及其亲属给予符合标准的补偿。两种模式都是强制实行的，所有用人单位必须执行。

中国工伤保障的主体制度是工伤保险，同时还有少量群体目前实行雇主责任模式。两种模式共同的制度功能是：通过医疗救助使工伤职工得到及时治疗和康复，力争重返劳动岗位；通过一次性或长期经济补偿，弥补工伤职工或工亡职工亲属的收入损失，保障其基本生活。工伤保险模式的制度还有两个功能：一是通过基金统筹互济分散用人单位因工伤事故造成的经济风险；二是通过费率导向和基金支付条件制约等机制，促进用人单位加强工伤预防和安全生产，减少工伤事故和职业病的发生。

中国的工伤保障制度始于20世纪50年代初。1950年12月，经政务院批准，内务部发布《革命工作人员伤亡褒恤暂行条例》，始建了适用于国家机关、民主党派、人民团体和事业单位及其工作人员的因公伤亡保障制度。1951年2月《劳动保险条例》颁布，规定由企业缴费建立劳动保险基金，用于支付相关待遇，其中包括职工工伤医疗费和医疗期间照发的工资、因工残废职工的抚恤费、工亡职工的丧葬费及其供养直系亲属抚恤费等，这是中国工伤保险制度的起点。但在20世纪60年代末，社会统筹互济的劳动保险制度被终止执行，企业职工遭受工伤或罹患职业病，由各企业按规定支付相关待遇。改革开放后，随着计划经济体制向社会主义市场经济体制转轨，为分散职业伤害风险并为企业创造平等竞争的环境，各地探索重建社会保险基金统筹制度。1995年开始施行的《劳动法》规定按照险种设立社会保险基金，实行社会统筹，其中包括工伤保险。据此，劳动部于1996年颁布《企业职工工伤保险试行办法》，推动在全国范围内建立工伤保险制度。2003年4月，国务院颁布《工伤保险条例》，并于2010年《社会保险法》颁布后进行了修订。目前，中国工伤保险制度执行的是《社会保险法》、《工伤保险条例》及相关配套规章、标准的规定。

第一节　工伤保险保障范围

《工伤保险条例》规定，中华人民共和国境内的企业、事业单位、社会团体、民办非企业单位、基金会、律师事务所、会计师事务所等组织和有雇工的个体工商户（以下称用人单位）应当依照规定参加工伤保险。

一、企业及其职工

20世纪50年代建立的劳动保险制度，规定适用于国营、公私合营、私营及合作社经营的企业，但实际执行中主要覆盖国营企业及其职工。1996年颁布的《企业职工工伤保险试行办法》，针对改革开放后多种所有制并存的情况，规定适用于各类企业，包括国有、集体、中外合资、外商独资及各种股份制企业及其职工，大幅度扩展了制度覆盖范围。这也是《工伤保险条例》规定的最主要的覆盖群体。

二、事业单位和社会团体及其工作人员

这一群体初期执行20世纪50年代颁布的《革命工作人员伤亡褒恤暂行条例》。1999年国务院颁布《社会保险费征缴暂行条例》，授权省级政府可以根据本地实际情况，决定本行政区域内工伤保险适用于事业单位或实行企业化管理的事业单位及其职工以及社会团体及其专职人员。2003年颁布的《工伤保险条例》规定，事业单位、社会团体的工伤保险办法“参照本条例另行规定”。2010年修订《工伤保险条例》后，明确规定这一群体与各类企业及其职工一样列入适用范围。

三、新经济组织及其工作人员

新经济组织主要是指民办非企业单位、基金会、律师事务所、会计师事务所等组织，2010年修订后的《工伤保险条例》将其纳入覆盖范围。据此，有关部门规定，这类组织按照属地管理原则参加工伤保险，其工作人员遭受工伤事故或者患职业病的，工伤范围、工伤认定、劳动能力鉴定、待遇标准等按照新《工伤保险条例》规定执行。

四、有雇工的个体工商户及其雇工

2003 年的《工伤保险条例》规定，有雇工的个体工商户应当依法参保。城镇个体工商户虽然以个体从业为主，但如果有雇工，就存在职业伤害风险，应通过参加工伤保险来保障雇工的合法权益，同时也分散雇主自身的经济风险。但完全个人从业的个体工商户、自由职业者不属于工伤保险强制参保范围。

五、其他人员

在制度覆盖范围方面，《工伤保险条例》及相关政策还明确了几种特殊情况的处理办法。

（一）公务员等群体

《工伤保险条例》规定，公务员和参照公务员法管理的事业单位、社会团体的工作人员因工作遭受事故伤害或者患职业病的，由所在单位支付费用。具体办法由国务院社会保险行政部门会同国务院财政部门规定。即在全国层面，并未将这一群体强制纳入工伤保险制度，仍实行雇主责任模式的保障办法。实践中，多数省份为公平保障各类群体的权益，制定了本地区公务员等参加工伤保险的办法。2018 年新修订的《中华人民共和国公务员法》规定，公务员依法参加社会保险，预示着公务员和参照公务员法管理的事业单位、社会团体的工作人员也将逐渐被纳入工伤保险制度。

（二）无资质或非法用人单位

《工伤保险条例》规定，对无合法用人资质的（包括无营业执照的、未依法登记和备案的）单位和非法使用童工的单位，职工（童工）受到事故伤害或者患职业病的，由该单位向伤残职工（童工）或者死亡职工（童工）的近亲属，按不低于《工伤保险条例》规定的工伤保险待遇给予一次性赔偿。这些单位或者其非法使用的童工不具备纳入工伤保险覆盖范围的基本条件，但也不能因此而任其逃避责任，必须依法执行并予以严惩。

（三）“老工伤”人员

《工伤保险条例》从 2004 年起施行，并规定此前已受到事故伤害或者患职业病的职工尚未完成工伤认定的，按照《工伤保险条例》规定执行；而对《工伤保险条例》施行前就遭受工伤并完成了工伤认定、但当时未参加工伤保险的职工，继续由各单位自行负责，这些人员被称为“老工伤”人员。实践中，存在由用人单位负责待遇的部分“老工伤”人员工伤待遇落实不到位或待遇低于《工伤保险条例》规定标准的现象。对此，国务院于 2011 年制定专门政策，并由中央财政安排专项补助资金，将各类企业共 312 万名“老工伤”人员全部纳入工伤保险统筹管理；同时规定，今后企业参加工伤保险，要一并解决参保前工伤人员纳入统筹问题，防止再度出现“老工伤”人员。

（四）农民工群体

农民工已经成为中国职工的重要组成部分。《社会保险法》规定“进城务工的农村居民依照本法规定参加社会保险”，也包括参加工伤保险。《工伤保险条例》对农民工群体参保没有作专门规定，但适用范围涵盖了规定的用人单位的所有职工，即包括在这些单位就业的农民工。鉴于大批农民工在建筑、矿山等高风险行业工作，在实际工作中，农民工参加工伤保险被列在比参加其他社会保险更优先的位置，中国政府采取了一系列符合农民工流动性特点的针对性政策措施，并在 2005 年至 2010 年间组织实施了两期“平安计划”，2015 年以后又专门实施了促进建筑业农民工参保的“同舟计划”，将超过 8 000 万名农民工纳入工伤保险制度，使其工伤保险权益得到有效保障。图 6-1 显示了《工伤保险条例》颁布实施后工伤保险参保人数逐年扩大的情况。

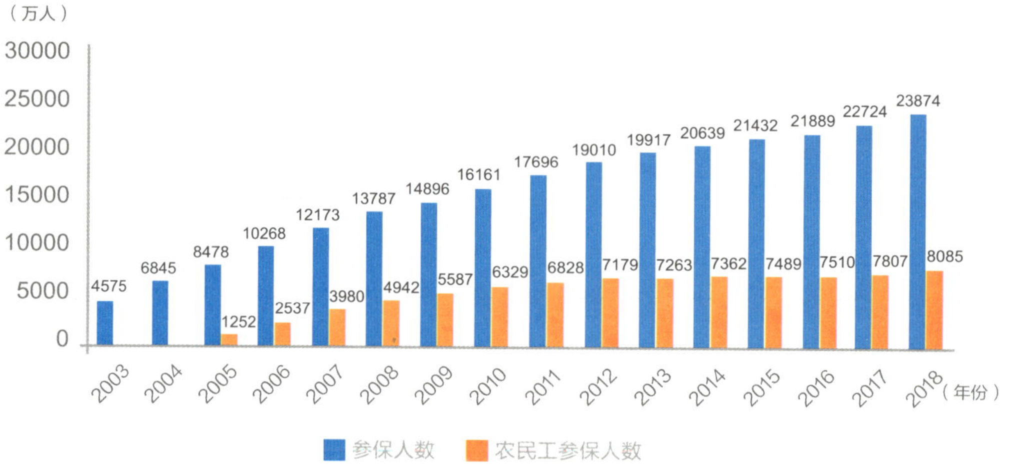

图 6-1　2003—2018 年参加工伤保险人数

资料来源：人力资源社会保障部历年统计公报。

某市人力资源社会保障部门工作人员走进建筑工地，开展“送法规、送保险、送健康”活动，将《工伤保险条例》等法律法规送到农民工手里。

第二节　工伤保险基金筹集与管理

一、工伤保险基金

按照《社会保险法》和《工伤保险条例》规定，工伤保险基金由用人单位缴纳的工伤保险费、基金利息和依法纳入基金的其他资金构成。与养老、医疗和失业保险不同的是，工伤保险由用人单位单方面缴费，职工参加工伤保险不缴费。

工伤保险基金存入社会保障基金财政专户，用于《工伤保险条例》规定的工伤保险待遇、劳动能力鉴定等费用的支付。任何单位或者个人不得将工伤保险基金用于投资运营、兴建或者改建办公场所、发放奖金，或者挪作其他用途。《工伤保险条例》规定，工伤保险基金应当留有一定比例的储备金，用于统筹地区重大事故的工伤保险待遇支付；储备金不足支付的，由统筹地区政府垫付。储备金占基金总额的具体比例和储备金的使用办法，由省级政府规定。

目前多数地区工伤保险基金实行地市级统筹，《工伤保险条例》要求逐步实行省级统筹。人力资源社会保障部、财政部于 2017 年 6 月制定发布指导意见，提出 2020 年年底前全面实现工伤保险基金省级统筹，确定的基本标准是在全省实现五个“统一”——统一参保范围和参保对象、统一费率政策和缴费标准、统一工伤认定和劳动能力鉴定办法、统一待遇支付标准、统一经办流程和信息系统；有条件的省份可以实行基金统收统支管理，不具备条件的也可以在省级建立调剂金，由市（地）按照一定的规则和比例上解到省级社会保险基金财政专户集中管理，用于调剂解决各市（地）工伤保险基金支出缺口。2019 年，已有 11 个省份实行了统收统支的省级统筹，其他省级地区实行以基金全省调剂为主的统筹方式。工伤保险基金收支结存情况见表 6-1。

表 6-1 2003—2018 年工伤保险基金收支结存情况

亿元

年度	基金收入	基金支出	基金结存	储备金结存
2003	38	27	91	—
2004	58	33	119	—
2005	93	48	159	—
2006	122	69	217	24
2007	166	88	288	33
2008	217	127	385	50
2009	240	156	469	65
2010	285	192	561	82
2011	466	286	743	101
2012	527	406	862	125
2013	615	482	996	168
2014	695	560	1 129	190
2015	754	599	1 285	209
2016	737	610	1 411	239
2017	854	662	1 607	270
2018	913	742	1 785	294

资料来源：人力资源社会保障部历年统计公报。

二、工伤保险费率

中国与职工有关的各项社会保险均以用人单位工资总额为基数，按照“以支定收、收支平衡”的原则确定单位缴费比例（费率）。但工伤保险不同于其他社会保险通常实行的统一费率和稳定费率的办法，依据自身特点实行了行业差别费率和企业浮动费率。

（一）行业差别费率的确定与调整

针对国民经济行业种类繁多，而各行业的职业风险程度差别很大的情况，中国对不同行业确定高低不同的工伤保险基准费率，即差别费率，并根据风险程度变化适时调整。《工伤保险条例》实施早期，曾将各行业分为三类，分别执行 0.5%、1%、2% 的基准费率；2015 年细分为八类，涵盖国民经济的 96 个行业，各行业相对应的基准费率为 0.2% ~ 1.9%（见表 6-2）。

表 6-2　现行工伤保险行业基准费率一览表

类别	费率 /%	适用行业
一	0.2	软件和信息技术服务业，货币金融服务，资本市场服务，保险业，其他金融业，科技推广和应用服务业，社会工作，广播、电视、电影和影视录音制作业，中国共产党机关，国家机构，人民政协、民主党派，群众团体、社会团体和其他成员组织，基层群众自治组织，国际组织
二	0.4	批发业，零售业，仓储业，邮政业，住宿业，餐饮业，电信、广播电视和卫星传输服务，互联网和相关服务，房地产业，租赁业，商务服务业，研究和试验发展，专业技术服务业，居民服务业，其他服务业，教育，卫生，新闻和出版业，文化艺术业
三	0.7	农副食品加工业，食品制造业，酒、饮料和精制茶制造业，烟草制品业 ，纺织业，木材加工和木、竹、藤、棕、草制品业，文教、工美、体育和娱乐用品制造业，计算机、通信和其他电子设备制造业，仪器仪表制造业，其他制造业，水的生产和供应业，机动车、电子产品和日用产品修理业，水利管理业，生态保护和环境治理业，公共设施管理业，娱乐业
四	0.9	农业，畜牧业，农、林、牧、渔服务业，纺织服装、服饰业，皮革、毛皮、羽毛及其制品和制鞋业，印刷和记录媒介复制业，医药制造业，化学纤维制造业，橡胶和塑料制品业，金属制品业，通用设备制造业，专用设备制造业，汽车制造业，铁路、船舶、航空航天和其他运输设备制造业，电气机械和器材制造业，废弃资源综合利用业，金属制品、机械和设备修理业，电力、热力生产和供应业，燃气生产和供应业，铁路运输业，航空运输业，管道运输业，体育

续表

类别	费率 /%	适用行业
五	1.1	林业，开采辅助活动，家具制造业，造纸和纸制品业，建筑安装业，建筑装饰和其他建筑业，道路运输业，水上运输业，装卸搬运和运输代理业
六	1.3	渔业，化学原料和化学制品制造业，非金属矿物制品业，黑色金属冶炼和压延加工业，有色金属冶炼和压延加工业，房屋建筑业，土木工程建筑业
七	1.6	石油和天然气开采业，其他采矿业，石油加工、炼焦和核燃料加工业
八	1.9	煤炭开采和洗选业，黑色金属矿采选业，有色金属矿采选业，非金属矿采选业

在各行业基准费率基础上，又对各行业划分出浮动费率档次，以基准费率为100%，向上浮动至120%、150%，或向下浮动至80%、50%（一类行业不向下浮动），即共有八类38个费率档次。国务院社会保险行政部门定期了解全国各统筹地区工伤保险基金收支情况，及时提出调整行业差别费率及行业内费率档次的方案，报国务院批准后公布施行。

2018年，为降低企业用工成本，增强企业发展活力，人力资源社会保障部、财政部发布《关于继续阶段性降低社会保险费率的通知》，确定自当年5月1日至2019年4月30日，在保持八类费率总体稳定的基础上，工伤保险基金累计结余可支付月数在18个月（含）至23个月的统筹地区，可以现行费率为基础下调20%；累计结余可支付月数在24个月（含）以上的统筹地区，可以下调50%。2019年4月，国务院办公厅印发《降低社会保险费率综合方案》，将阶段性降低工伤保险费率的期限延长至2020年4月30日。

（二）用人单位费率的确定与调整

处于同一行业的用人单位的工伤事故风险概率大体相同，但各单位安全生产管理工作水平不一，因而实际发生的工伤事故多少和严重程度不同。为鼓励先进、鞭策落后，引导用人单位加强安全防护、减少事故发生，在行业差别费率基础上还实行了单位浮动费率机制——各统筹地区社保机构根据用人单位工伤保险费使用、工伤发生率等情况，在所属行业适用的费率档次内确定各单位具体费率，事故发生和使用基金少的适用低档次，反之适用高档次；并依据各单位安全状况变化适时提高或降低其适用的费率档次。

除了常规的缴费计算方式外，《工伤保险条例》还授权国务院社会保险行政部门，对难以按照工资总额缴纳工伤保险费的行业，规定其缴费的具体方式。如对事故风险较高又大量使用农民工的建筑业，针对其人员流动性强、劳动关系复杂、工资支付方式和周期与一般制造业不同等特点，在实施“同舟计划”中采取了特殊的参保缴费政策：对企业相对固定的职工，依常规按用人单位参保，并按工资总额确定费率计缴工伤保险费；而对工程项目使用的农民工则可以按建设项目参保，并按照项目工程总造价的一定比例提取和缴纳工伤保险费，在工程概算中单独列支，作为不可竞争费，不参与竞标，施工总承包单位在项目开工前须一次性代缴本项目工伤保险费。这一针对性政策，使工伤保险能够覆盖工程项目使用的所有职工，特别是流动性强的农民工，维护他们的合法权益，也比较适合建设施工单位的特点。在“同舟计划”实施中，当年新开工的建设项目基本都参加了工伤保险，其中农民工参保人数从 600 多万人增加到 2 100 多万人。

第三节　工伤认定

工伤（包括视同工伤，下同）认定是工伤职工享受工伤保险待遇的前提，受理工伤认定的主体是社会保险行政部门，即由统筹地区社会保险行政部门根据工伤保险法律法规及相关政策的规定，确认职工是否受到职业伤害并属于规定的工伤情形。

一、工伤认定的范围和情形

工伤认定的对象一般是具备下列条件的职工：一是所在单位纳入了工伤保险制度的调整范围；二是存在受到伤害或者患职业病的事实；三是与用人单位存在劳动关系，包括事实劳动关系；四是有相关医疗诊断证明或职业病诊断证明。

认定为工伤的包括七种情形：（1）在工作时间和工作场所内，因工作原因受到事故伤害的；（2）工作时间前后在工作场所内，从事与工作有关的预备性或者收尾性工作受到事故伤害的；（3）在工作时间和工作场所内，因履行工作职责受到暴力等意外伤害的；（4）患职业病的；（5）因工外出期间，由于工作原因受到伤害或者发生事故下落不明的；（6）在上下班途中，受到非本人主要责任的交通事故或者城市轨道交通、客运轮渡、火车事故伤害的；（7）法律、行政法规规定应当认定为工伤的其他情形。

关于职业病的认定，1957 年卫生部就制定了《职业病范围和职业病患者处理办法的规定》，确定将严重危害工人、职员健康，严重影响生产，职业性比较明显的职业中毒、尘肺病等 14 种与职业活动有关的疾病列入职业病范围（即“法定职业病”）。1987 年对其进行调整，增加到九类 99 种。2002 年，卫生部、劳动保障部联合发布《职业病目录》，确定职业病包括十类 115 种。2013 年，国家卫生计生委等有关部门再次对职业病的分类和目录进行了调整，发布《职业病分类和目录》，仍将职业病分为十类，但对部分名称作了调整。职业病分类为：职业性尘肺病和其他呼吸系统疾病、职业性皮肤病、职业性眼病、职业性耳鼻喉口腔疾病、职业性化学中毒、物理因素所致职业病、职业性放射性疾病、职业性传染病、职业性肿瘤、其他职业病。

《工伤保险条例》规定，被诊断为职业病的应当认定为工伤。认定工作实践中要具体把握的是：职业病患者应属于《工伤保险条例》覆盖范围，并且是在《工伤保险条例》覆盖的用人单位的职业活动中罹患了职业病，如果不是在职业活动中罹患职业病目录所规定的某种疾病（例如因其居住地周边环境因素引发），就不属于工伤认定情形，应通过司法途径加以解决。

认定为视同工伤包括三种情形：（1）在工作时间和工作岗位，突发疾病死亡或者在48小时之内经抢救无效死亡的；（2）在抢险救灾等维护国家利益、公共利益活动中受到伤害的；（3）职工原在军队服役，因战、因公负伤致残，已取得革命伤残军人证，到用人单位后旧伤复发的。

工伤认定排除了三种情形：（1）故意犯罪的；（2）醉酒或者吸毒的；（3）自残或者自杀的。

二、工伤认定的申请

职工发生事故伤害或者按照职业病防治法规定被诊断、鉴定为职业病（以下称事故发生），有三类主体有权申请工伤认定。

（一）用人单位

用人单位负有保护职工安全与健康的责任，当事故发生时，应首先履行工伤认定申请义务。《工伤保险条例》规定其应当自事故发生之日起30日内提出工伤认定申请，但在特殊情况（如从事远洋运输的职工在运输途中发生事故）下，经报社会保险行政部门同意，申请时限可以适当延长。用人单位未按规定期限提交工伤认定申请，在此期间发生符合《工伤保险条例》规定的工伤待遇等有关费用（包括应由用人单位支付的项目，也包括应由工伤保险基金支付的项目），由该用人单位负担。

（二）工伤职工或者其近亲属

用人单位没有在规定期限内提出工伤认定申请的，工伤职工或者其近亲属可以直接提出申请，申请时限为事故发生之日起 1 年内。

（三）工会组织

用人单位没有在规定期限内提出工伤认定申请的，工会组织也可以直接提出工伤认定申请，申请时限同样为事故发生之日起 1 年内。

在用人单位未按规定时限提交工伤认定申请的情形下，赋予职工或者其近亲属、工会组织直接提出申请的权利，有利于更充分地保障职工的工伤保险权益，而规定申请时效为 1 年，与《民法通则》中关于“身体受到伤害要求赔偿的”诉讼时效是一致的。

三、工伤认定的受理和决定

《工伤保险条例》规定，社会保险行政部门在申请人提供的工伤认定申请材料完整后，应当受理申请，并根据审核需要可以对事故伤害进行调查核实，用人单位、职工、工会组织、医疗机构以及有关部门应当予以协助。职业病诊断和诊断争议的鉴定，依照职业病防治法的有关规定执行。职工或者其近亲属认为是工伤，用人单位不认为是工伤的，由用人单位承担举证责任，以保护相对弱势群体的权利。

社会保险行政部门自受理申请之日起 60 日内应当作出工伤认定决定；而对事实清楚、权利义务明确的申请，应当在 15 日内作出决定；如果需要以司法机关或者有关行政主管部门的结论作为决定依据的，在尚未作出结论期间，作出工伤决定的时限中止。这些规定，一方面给作出决定的部门必要的核实和判断时间，另一方面也避免耗时过长而损害当事人利益。

社会保险行政部门工伤认定决定的内容包括用人单位、职工的基本信息，受伤害详细情形和核实情况，认定或不予认定工伤的依据，不服认定决定申请行政复议或者提起行政诉讼的部门和期限等。

2018 年，全国受理工伤认定申请 111.8 万人，其中认定（视同）工伤 110 万人。①

第四节　劳动能力鉴定

劳动能力鉴定是对劳动功能障碍程度和生活自理障碍程度进行等级鉴定。职工遭受工伤事故伤害，首先要到签订服务协议的医疗机构就医，情况紧急时可以先到就近的医疗机构急救，全力保障工伤职工的生命和健康。经治疗伤情相对稳定后存在残疾、影响劳动能力的，要进行劳动能力鉴定，以确定相关待遇。进行劳动能力鉴定的主要法规和政策依据是《工伤保险条例》和《工伤职工劳动能力鉴定管理办法》。

一、劳动能力鉴定机构

负责劳动能力鉴定的法定机构是劳动能力鉴定委员会（以下简称劳鉴委）。劳鉴委由社会保险行政部门、卫生行政部门、工会组织、社保机构以及用人单位代表组成，在省级和设区的市级分别设立，并遴选有资质的医疗卫生专业技术人员建立专家库。市级劳鉴委负责本辖区内的劳动能力初次鉴定和复查鉴定，省级劳鉴委负责对初次鉴定或者复查鉴定结论不服的作出再次鉴定。也就是说，劳动能力鉴定结论不是由行政部门作出的，而是由专门设

① 人力资源社会保障部 2018 年统计公报。

立的多方委员会集体作出的，行政部门无权干涉。

二、劳动能力鉴定程序

劳动能力鉴定由用人单位、工伤职工或者其近亲属向市级劳鉴委提出申请，并提供工伤认定决定和职工工伤医疗的有关资料。市级劳鉴委收到鉴定申请后，从专家库中随机抽取3名或5名相关专家组成专家组提出鉴定意见，并自收到申请60日内（必要时可延长30日）根据鉴定意见作出鉴定结论，必要时还可以委托具备资质的医疗机构协助进行有关诊断。这一程序旨在保证鉴定的客观性、科学性和专业性。申请鉴定的单位或个人对鉴定结论不服的，可以在15日内向省级劳鉴委提出再次鉴定申请。省级劳鉴委的劳动能力鉴定结论为最终结论，即实行两级终结制。这一救济渠道有利于更好地维护相关各方的合法权益。

三、劳动能力鉴定内容

1996年国家技术监督局曾颁布《职工工伤与职业病致残程度鉴定》标准，目前开展劳动能力鉴定依据的是2014年颁布的《劳动能力鉴定　职工工伤与职业病致残等级》国家标准。这一标准将劳动功能障碍分为十个等级，一级至四级为完全丧失劳动能力，五级、六级为大部分丧失劳动能力，七级至十级为部分丧失劳动能力；将生活自理障碍分为三个等级——完全不能自理、大部分不能自理和部分不能自理。劳动能力鉴定结论作出1年后，如果工伤职工伤残情况发生变化，其本人或者其近亲属、所在单位或者社保机构可以申请劳动能力复查鉴定。

从2019年开始，进一步采取了劳动能力鉴定的便民化服务措施：将省级机构仍在办理的劳动能力初次鉴定事项下放到市级；劳动能力鉴定受理事项实行大厅集中办理、一个窗口通办；加强各项相关业务协同办理，清理取消重复提交的证明和材料；对伤情清楚、证据充分、没有异议的申请，进一步缩短鉴定时限；积极探索异地劳动能力鉴定委托合作；推进“互联网＋认定鉴定”，统一在线业务办理标准，让“数据多跑路、群众少跑腿”。

2018 年，在享受伤残待遇的 164.1 万名工伤职工（包括职业病患者 10 万人）中，经鉴定有伤残等级的为 95 万人，其中一级至四级伤残 22 万人，五级、六级伤残 7 万人，七级至十级伤残 66 万人，分别享受了不同的工伤保险待遇。

第五节　工伤保险待遇

工伤保险待遇是对工伤职工补偿损失和保障权益的直接体现，遵循“无过错补偿”原则，即不论在造成工伤的事故中职工本人是不是有过错，工伤职工都应获得必要补偿。

一、工伤保险待遇的确定

《工伤保险条例》规定的工伤保险待遇分为非现金待遇和现金待遇两类。非现金待遇包括工伤医疗、康复、生活护理服务和辅助器具配置，也包括对伤残职工工作岗位的适当调整；现金待遇包括因遭受工伤停工留薪期间的工资、伤残待遇、工亡待遇，其中有一次性待遇，也有长期待遇。

（一）工伤医疗相关待遇

职工遭受工伤事故伤害或者患职业病进行治疗的，其在医疗期内合规的医疗费用和康复费用，均由工伤保险基金支付。合规费用是指符合由国务院有关部门制定的工伤保险诊疗项目目录、药品目录、住院服务设施标准的费用，包括医疗费（工伤保险基金支付的工伤医疗合规费用不受职工医疗保险按比例报销的限制）、住院伙食补助费、需要并经社保机构同意到统筹地区以外就医的交通食宿费，以及康复费（工伤职工经劳鉴委确认具有康复价值和康复可能的，可列为康复对象，进行工伤康复）。

（二）工伤停工留薪期间待遇

职工因工伤或者患职业病需要暂停工作接受治疗期间，其原工资福利待遇不变，由所在单位按月支付。停工留薪期一般不超过 12 个月；对伤情严重或者情况特殊的，经市级劳鉴委确认，可再延长不超过 12 个月。其间，工伤职工需要护理的，由所在单位负责。

（三）工伤伤残相关待遇

职工因工致残，经劳鉴委确定伤残等级后，享受相应级别的伤残待遇，包括一次性伤残补助金、按月支付的伤残津贴、符合规定条件的一次性工伤医疗补助金和一次性伤残就业补助金，以及安装辅助器具费用和生活护理费。

（1）一次性伤残补助金。由工伤保险基金支付，各伤残等级的工伤职工均享受（补助标准见表 6-3），但工伤职工在领取这项补助金后旧伤复发导致伤残等级发生变化的不再支付。

表 6-3　一次性伤残补助金标准

等级	一	二	三	四	五	六	七	八	九	十
标准（本人工资月数）	27	25	23	21	18	16	13	11	9	7

（2）伤残津贴。一级至六级工伤伤残职工，依规按月领取伤残津贴

（发放标准见表 6-4）。其中一级至四级工伤伤残职工，保留劳动关系，退出工作岗位，由工伤保险基金支付其伤残津贴；职工达到退休年龄后享受的基本养老保险待遇低于伤残津贴的，由工伤保险基金补足。五级、六级工伤伤残职工，保留劳动关系，由用人单位安排适当工作，并为其缴纳各项社会保险费；难以安排工作的，由用人单位按月支付伤残津贴。伤残津贴实际金额低于当地最低工资标准的，由工伤保险基金或用人单位补足。伤残津贴按月支付，直至伤残职工退休享受国家规定的基本养老保险待遇或死亡。

表 6-4　伤残津贴标准

等级	一	二	三	四	五	六
标准（本人工资的比例 /%）	90	85	80	75	70	60

（3）**一次性工伤医疗补助金。**适用于五级至十级工伤伤残职工。其中五级、六级工伤职工本人提出与用人单位解除或者终止劳动关系的，七级至十级工伤职工劳动（聘用）合同期满或本人提出解除劳动（聘用）合同的，由工伤保险基金支付该项补助金，具体标准由省级政府规定。

（4）**一次性伤残就业补助金。**适用情况与一次性工伤医疗补助金相同，但由用人单位支付，具体标准由省级政府规定。

（5）**生活护理费。**经劳鉴委确认需要生活护理的工伤伤残职工，由基金根据护理等级按月支付其生活护理费，标准为统筹地区上年度职工月平均工资的一定比例，其中生活完全不能自理的为 50%，生活大部分不能自理的为 40%，生活部分不能自理的为 30%。

（6）**辅助器具费。**工伤职工因日常生活或者就业需要，经劳鉴委确认，可以安装假肢、矫形器、假眼、假牙和配置轮椅等辅助器具，所需费用按照国家或统筹地区规定的标准由工伤保险基金支付。

（四）工亡待遇

职工因工死亡（包括工伤事故直接导致死亡、停工留薪期内死亡），其近亲属可从工伤保险基金领取三项待遇。

（1）丧葬补助金。标准为6个月的统筹地区上年度职工月平均工资。

（2）供养亲属抚恤金。支付对象是由工亡职工生前提供主要生活来源、无劳动能力的亲属。支付标准为工亡职工本人工资的一定比例，其中配偶每月为40%，其他亲属每人每月为30%，孤寡老人或者孤儿每人在上述标准的基础上增加10%，但核定的各供养亲属抚恤金之和不应高于工亡职工生前的工资。

（3）一次性工亡补助金。全国统一标准为上年度全国城镇居民家庭人均可支配收入的20倍。2011年为38.22万元，2019年为72.79万元。

二、工伤保险待遇的调整

《工伤保险条例》列出的各项工伤保险待遇，其中有些规定了明确标准，如一次性伤残补助金、一次性工亡补助金、丧葬补助金等，有些则是授权省级政府或统筹地区具体规定。为统一规范各地的待遇标准，并随社会收入水平提高合理调整相关待遇，人力资源社会保障部于2017年对《工伤保险条例》授权地方确定和调整的工伤保险待遇提出了指导意见，要求与经济发展水平相适应，综合考虑职工工资增长、居民消费价格指数变化、工伤保险基金支付能力、相关社会保障待遇调整情况等因素，兼顾不同地区待遇差别，按照基金省级统筹要求，适度、稳步提升，实现待遇平衡，原则上每两年至少调整一次工伤保险相关待遇标准。主要项目包括：一级至四级工伤伤残职工的伤残津贴以上年度省（区、市）同等级工伤职工月人均伤残津贴为基数，侧重考虑职工平均工资增长因素进行调整。供养亲属抚恤金以上年度省（区、市）月人均供养亲属抚恤金为基数，侧重考虑居民消费价格指数变化，采取定额调整办法。生活护理费按照上年度省（区、市）职工平均工资增长比例同步调整，职工平均工资下降时不调整。工伤职工住院伙食补助费原则上按不超过上年度省（区、市）城镇居民日人均消费支出额的40%确定。一次性伤残就业补助金和一次性工伤医疗补助金，综合考虑工伤职工伤残程度、伤病类别、年龄等因素制定标准，注重引导和促进工伤职工稳定就业。这一举措使各地工伤保险待遇确定和调整有了统一的遵循，更好地保障了工伤职工及其亲属的基本生活。政策实施当年，全国月人均伤残津贴为2 896元，比上年增加220元；供养亲属抚恤金月人均为1 232元，增加74元；生活护理费月人均为1 677元，增加145元；24万人领取了一次性工伤医疗补助金，人均2.75万元，增加1 100元。

第六节　工伤保险管理

工伤保险管理包括参保登记、费率厘定、费用征收、工伤认定、伤残等级鉴定、待遇确定和支付、基金管理等，还包括促进工伤预防和职业能力康复以及相关争议处理等。

一、促进工伤预防

《工伤保险条例》将“促进工伤预防”作为立法宗旨之一，规定用人单位和职工应当遵守有关安全生产和职业病防治的法律法规，执行安全卫生规程和标准，预防工伤事故发生，避免和减少职业病危害。从2009年开始，一些地区进行了工伤预防试点，摸索了初步经验。2010年修订的《工伤保险条例》，在工伤保险基金支出范围上增加了可用于“工伤预防的宣传、培训等费用”的规定，显示了中国工伤保险制度从单纯补偿向补偿与预防相结合发展的积极取向。

依据《工伤保险条例》授权，人力资源社会保障部、财政部、国家卫生计生委、国家安全生产监管总局于2017年制定发布《工伤预防费使用管理暂行办法》，规定在保证工伤保险待遇支付能力和储备金留存的前提下，工伤预防费的使用原则上不得超过统筹地区上年度工伤保险基金征缴收入的3%；因工作需要，经省级有关部门同意，可以适当提高工伤预防费的使用比例。工伤预防费实行预算管理，由统筹地区相关部门根据工伤事故伤害和职业病高发的行业、企业、工种、岗位等情况，统筹确定工伤预防的重点领域；由统筹地区行业协会和大中型企业等社会组织根据本地区确定的工伤预防重点领域，提出下一年度拟开展的工伤预防项目，编制项目实施方案和绩效目标；由统筹地区相关部门统筹考虑工伤预防项目的轻重缓急，确定纳入下一年度的工伤预防项目并向社会公开。工伤预防项目原则上由提出项目的行业协会和大中型企业负责组织实施，也可以委托第三方机构实施；面向社会和中小微企业的工伤预防项目，可由相关部门参照政府采购法等有关规定，从具备相应条件的社会、经济组织中选择提供工伤预防服务的机构，推动组织项目实施。各类实施机构都须与社保机构签订服务协议。这个部门规章的颁布，标志着经过多年试点，工伤预防工作在全国范围内全面推开。

2017年全国共支出工伤预防费2.9亿元，占基金总支出的0.44%，其中宣传费占54%，培训费占16.5%，其他费用占29.5%。2018年有28个省级地区在工伤保险基金中列支有预防费，工伤预防工作逐渐普及，但实际支出工伤预防费占全部基金的比例仍较低，表明这方面工作还有很大发展潜力。

二、促进职业康复

促进职业康复也是《工伤保险条例》的立法宗旨之一，工伤职工到签订服务协议的医疗机构进行康复性治疗的费用列入工伤保险基金支付范围。2007 年，劳动保障部组织开展了工伤康复试点工作，试点的主要任务是规范工伤康复管理服务形式，研究完善工伤康复政策和标准体系，探索工伤康复早期介入机制，加强工伤康复专门人才的培养，完善对工伤伤残职工再就业政策支持，并规定了工伤康复试点机构的资质、康复水平、设施条件、专业人员配备等准入条件。2010 年《工伤保险条例》修订后，人力资源社会保障部于 2013 年修订《工伤康复服务项目（试行）》《工伤康复服务规范（试行）》，指导各地建立规范的“购买服务、协议管理”的工伤康复管理制度，形成“康复早期介入”和“先康复、后评残”的工作机制；同年还制定了《区域性工伤康复示范平台标准（试行）》，经过组织专家评估，遴选确定了北京、上海、广东、重庆各 1 家机构作为第一批区域性工伤康复示范平台，借此对各地工伤康复工作发挥辐射和示范作用。

被确认为工伤康复机构的医疗机构，与当地社保机构签订服务协议。2018 年，全国工伤保险基金中的康复支出为 7.4 亿元；全年有 4.1 万人次享受工伤康复待遇，人均康复支出约 2 万元。从实际需求看，工伤康复还有很大发展空间。

三、工伤争议处理

工伤争议常见于工伤认定、劳动能力鉴定、工伤待遇支付等环节。几种争议涉及的主体和对象不同，属性不同，救济方式也不同，但都应秉持依法依规、公平公正的原则处理。

（一）工伤认定争议处理

社会保险行政部门依据用人单位或职工及其近亲属、工会组织提出的申请作出工伤认定，属于行政行为。因此，任何一方对工伤认定结论不服，都可以依法申请行政复议，也可以依法提起行政诉讼。

（二）劳动能力鉴定争议处理

在中国的工伤保险实践中，因劳动能力鉴定而产生的争议多见于两种情况，《工伤保险条例》及相关政策分别规定了处理程序和救济渠道。

一是工伤职工与其所在用人单位对是否应当进行鉴定有异议。对此，法规赋予了双方申请鉴定的权利，任何一方提出，劳鉴委都应予以鉴定。如果工伤职工拒不接受劳动能力鉴定，用人单位或者社会保险行政部门可以停止其享受相关工伤保险待遇。

二是某一方对鉴定结论不服。由于劳动能力鉴定是由劳鉴委依申请作出的技术性结论，不属于行政行为，因此不能用行政复议或行政诉讼渠道救济，申请鉴定的单位或个人可以在收到鉴定结论之日起 15 日内，向省级劳鉴委提出再次鉴定申请，其作出的劳动能力鉴定结论为最终结论，不再具有可诉性。

（三）工伤待遇争议处理

工伤待遇争议也分为两种情况。

一是工伤职工与用人单位之间因工伤保险待遇发生的争议属于劳动争议，按照处理劳动争议的有关规定处理，争议双方可以协商解决；不愿协商或协商不成的，可以向劳动争议仲裁委员会提出仲裁申请；任何一方对仲裁裁决不服的，可以向人民法院提起诉讼。

二是职工与社保机构之间因工伤保险待遇产生的争议属于行政争议，职工可以通过申请复查和行政复议、行政诉讼的方式处理。

在处理工伤争议的实践中，中国政府和有关组织在遵循依法处置原则的前提下，力求更多采取调解的方式化解矛盾，维护各方合法权益和社会稳定；同时尽可能简化程序，防止某些用人单位滥用救济渠道、恶意拖延时间而损害工伤职工的实际利益。

第七节　中国工伤保障事业发展前瞻

经过多年改革与发展，以工伤保险为主体的中国工伤保障制度和政策体系已经基本稳固，覆盖面持续扩大，待遇水平稳步提高，管理措施不断精细，有效维护了广大职工的权益，分散了用人单位的经济风险。中国特色社会主义进入新时代，中国工伤保障制度将在三个方面进一步推进和优化，构建起更加公平、完善的保障体系。

一、实现法定人群全覆盖

《工伤保险条例》实施 15 年来，中国工伤保险制度的参保人数增长 4 倍，到 2018 年年底达到近 2.4 亿人（见图 6-1），是世界上规模最大的工伤保障计划。但与同期全国 4.3 亿城镇就业人口相比，还有很大发展空间。针对目前的薄弱环节，中国的工伤保险将进一步扩大覆盖面。

一是将目前实行雇主责任模式的公务员和参照公务员法管理的事业单位、社会团体及其工作人员等数百万人纳入工伤保险制度，更好地实现制度公平、规则公平。

二是继续大力推进农民工参保。目前全国进城农民工有 1.35 亿人，通过采取针对性措施，力争对在单位就业的农民工实现应保尽保，在现有 8 000 万人参保的基础上进一步扩大规模。

三是探索新业态从业人员职业伤害保障制度安排。随着经济社会发展，中国出现了大量新兴业态，其特点是用人单位、工作时间、劳动场所、收入水平均不确定或不稳定，特别是网约车司机、快递业务员等“户外”从业人员的职业伤害风险程度还很高。但以传统“三工”（工作时间、工作场所、工作原因）来界定其风险范围及提供相应保障的方式，难以适应其特点和需求。“户内”工作的新业态从业人员，如网络从业者等，也有特殊的职业伤害保障需求。对此，中国政府有关部门正在研究适应新业态从业人员特点的职业风险保障方式。

此外，随着农村土地流转，大批农民在获取流转收入的同时成为受雇于土地经营企业的工资收入者，他们过去在自家承包土地上劳作可能遭遇的伤害转化为职业伤害。这方面的保障制度安排也纳入了中国政策制定者的视野。

二、构建“三位一体”的工伤保障体系

目前中国工伤保障制度仍以工伤补偿为主，制度、政策、标准愈益完备；工伤预防和职业能力康复已开始起步，但仍处于发展初期。未来将加快推进工伤预防和工伤康复这“两翼”发展，实现工伤保障全方位、高质量发展。

在工伤预防方面，继续用好行业差别费率和单位浮动费率机制，逐步增大工伤保险基金中预防性支出的比重，主要用于预防职业伤害的宣传和培训，并探索用于支持一些职业保护专用技术的研发和推广项目，通过降低事故发生率和伤害程度，既更好地维护参保人员的生命、健康权利，也减少基金支出。

在工伤康复方面，借鉴国际经验，促进医疗过程中康复技术的“早期介

入”，为患者保留更多的有效功能，为日后康复创造积极条件；尤其突出职业能力的恢复或重建，在工伤职工生理功能恢复的基础上，通过积极的职业康复训练，帮助其恢复原有劳动能力，或开发从事新职业的能力，使其能够重返劳动领域。

三、实现工伤保险高水平信息化管理

在全面推进工伤保险基金省级统筹基础上，建立全国基础信息库，汇集各地各类工伤事故认定、鉴定、待遇及争议处理信息，同步建立相关法规、政策库，借此准确评估制度运行状况，并不断规范和优化政策；与安全生产监督、医疗卫生、职业病防控、公安、司法、民政等部门以及辅助器具配置、商业保险等机构的信息联网管理，实现相关数据共享，全面提升工伤保障管理的精细化水平和管理效率。

第七章
失业保险制度

中国的失业保险具有保障生活、预防失业、促进就业等多重功能，既是社会保障体系的重要制度安排，又是积极就业政策的有机组成部分。

第一节　中国失业保险制度的发展沿革

20 世纪 50 年代前半期，面对旧社会经济凋敝和连年战乱造成的城市大规模失业问题，中国政府施行了全国性救济失业工人政策。通过安排预算资金、单位和职工缴费、动员社会捐助等途径，筹集救济失业工人基金；组织失业工人参加市政建设工程以工代赈，或者在失业救济基金资助下开展生产自救，或者进行转业训练使其重获就业机会和技能；对难以重新就业的发给一定数额的救济金。经过几年努力，全国大中城市失业人员从 1949 年的 470 多万人、失业率高达 23% 以上，扭转为失业人数减至 200 万人、失业率降至 5.9%。1956 年 5 月，停止征收失业救济基金，相关工作纳入民政部门的社会救济管理。这一时期的失业救济政策并不是典型的失业保险制度。但把失业救济与促进就业紧密结合的理念、多渠道筹措救济基金的方式、引导失业人员尽早摆脱失业困境的多种措施，以及政府统一领导下多部门协调合作的组织体制，都成为后来建立失业保险制度的有益借鉴。

改革开放后，中国逐步从计划经济体制转向社会主义市场经济体制，劳动力市场开始形成。1986 年，国务院颁布《国营企业实行劳动合同制暂行规定》《国营企业招用工人暂行规定》《国营企业辞退违纪职工暂行规定》，赋予了企业更多用工自主权。而需要面对的问题是：实行劳动合同制的工人终止、解除劳动合同后，或被企业辞退的职工未能及时就业，其基本生活如何保障。因此，国务院同时颁布《国营企业职工待业保险暂行规定》，确定由企业缴费建立待业保险基金，职工个人不缴费；适用范围除终止、解除劳动合同的工人和被企业辞退的职工外，还包括宣告破产企业的职工和濒临破产的企业法定整顿期间被精减的职工；保障项目包括待业人员待业期间的待业救济金、医疗补助费以及在此期间死亡人员的丧葬补助费、供养直系亲属抚恤费和救济费等。尽管此时还称为“待业保险”，适用范围和筹资渠道也比较窄，但由此开启了用制度化方式保障失业人员基本生活的进程。1993 年，国务院发布《国有企业职工待业保险规定》，在覆盖范围、资金筹集、保险水平及组织管理方式等方面对 1986 年的暂行规定作了补充和调整。到 1994 年，全国有 194 万人享受了待业保险待遇，超过前 7 年的总和，表明这一制度的效应开始发挥。

1993 年，中共十四届三中全会作出《关于建立社会主义市场经济体制若干问题的决定》，首次使用失业和失业保险的概念，标志着理论上的重大突破。1994 年颁布的《劳动法》把失业保险定为社会保险项目之一。1999 年国务院颁布《失业保险条例》，标志着适应社会主义市场经济体制和市场化就业机制的失业保险制度正式建立。但在实践层面，世纪之交正值中国经济结构调整和国有企业改革的攻坚期，数以千万计的企业职工下岗分流，如果把他们贸然推出企业，将造成社会动荡，因而采取了“三步走”的策略。首先是“双轨”并行——在国有企业建立下岗职工再就业服务中心，保障其基本生活与失业保险制度同步运行。其次是逐步“转轨”——在国有企业遗留的富余人员问题得到基本解决后，企业新的减员就不再下岗、进中心，而是依法解除、终止劳动关系，没能马上再就业的依法享受失业保险。最后是实现“并轨”，即在下岗职工全部出再就业服务中心后，企业裁员从下岗、失业两种形态变为失业一种形态，未及时再就业的直接通过失业保险制度予以保障，真正形成市场导向的就业机制和社会化的保障制度。这一过程在2005年前后基本完成。

近10年，中国的失业保险制度随着实践发展不断完善。为应对2008年年底爆发的国际金融危机，2009—2010年实行了“缓减补”政策，即允许受危机冲击严重的困难企业缓缴失业保险费，地方政府可阶段性降低失业保险费率，允许失业保险基金结余较多的地区使用基金为困难企业稳定岗位支付社会保险补贴和岗位补贴。从2006年起，在东部7省市试点探索失业保险基金与财政就业补助资金合力促进就业的资金使用模式。2014年以后，配合供给侧结构性改革，对未裁员或裁员率低于统筹地区城镇登记失业率的企业实行“援企稳岗”政策——可享受其实际缴纳失业保险费一定比例的稳岗补贴。2017年，围绕实施国家技能强国战略，对符合条件的企业职工给予技能提升补贴。面对中美贸易摩擦给就业局势带来的影响，2019年进一步强化政策支持，对符合规定条件的参保企业适当返还失业保险费，并放宽了职工申领技术技能提升补贴的年限条件。从失业保险基金中拿出1 000亿元用于企业职工技能提升和转岗转业培训，支持职工技能提升行动。

第二节　失业保险保障范围

《社会保险法》规定，国家建立失业保险制度，保障公民在失业情况下依法获得物质帮助的权利。中华人民共和国境内的用人单位和个人依法缴纳包括失业保险在内的社会保险费，个人依法享受包括失业保险在内的社会保险待遇。《失业保险条例》具体规定，失业保险制度适用于企业事业单位等用人单位及其职工。

城镇所有企业事业单位及其职工都要参加失业保险。城镇企业包括国有企业、城镇集体企业、外商投资企业、城镇私营企业以及其他城镇企业。职工则不限于来自城镇的就业人员，也包括城镇企业事业单位招用的农民合同制工人，即与用人单位建立了稳定劳动关系的农民工在中止就业后也依法享有失业保障权利，体现了社会公正原则，也有利于形成统一规范的劳动力市场。

《失业保险条例》授权省级政府根据当地实际情况，决定将本行政区域内的社会团体及其专职人员、民办非企业单位及其职工、有雇工的城镇个体工商户及其雇工纳入失业保险覆盖范围。从各地实践看，大多数地区都将有雇工的城镇个体工商户及其雇工纳入失业保险覆盖范围。

《失业保险条例》施行 20 年来，特别是 2005 年全面实现“并轨”后，失业保险覆盖面不断扩大，参保人数逐年增加（见图 7-1）。

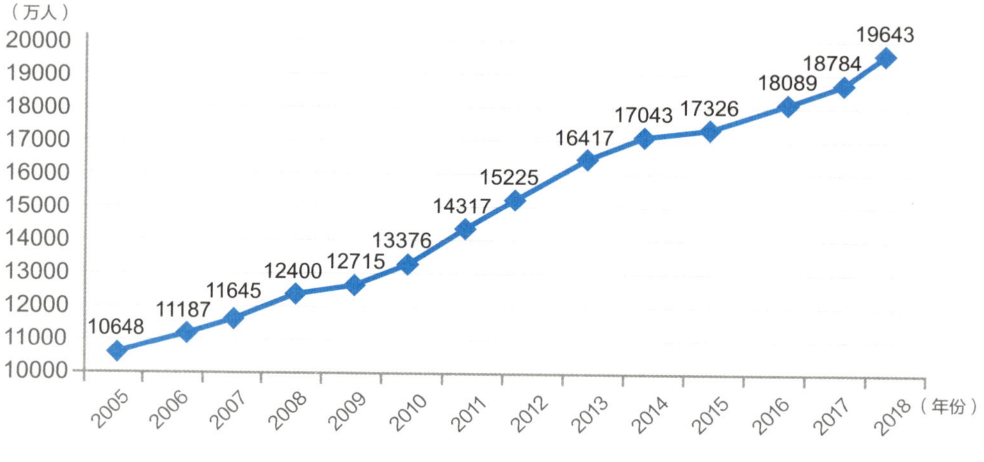

图 7-1　2005—2018 年失业保险参保人数

资料来源：人力资源社会保障部历年统计公报。

第三节　失业保险基金筹集与管理

失业保险基金是社会保险基金中的一项，与其他社会保险基金分别建账，分账管理。

一、失业保险基金的筹集

失业保险基金由城镇企业事业单位（以下称用人单位）及其职工缴纳的失业保险费、失业保险基金的利息、财政补贴和依法纳入失业保险基金的其他资金构成。

用人单位和职工个人按规定缴纳的失业保险费是失业保险基金的主要来源。《失业保险条例》规定的缴费标准是：用人单位按照本单位工资总额的 2% 缴纳，职工按照本人工资的 1% 缴纳，农民合同制工人本人不缴费。2015 年，为减轻企业税费负担，全国统一将失业保险费率从 3% 降至 2%，其中用人单位和职工个人缴费的具体比例由各地在充分考虑提高失业保险待遇、促进失业人员再就业、落实失业保险稳岗补贴政策等因素的基础上确定。从 2016 年 5 月 1 日起，实施阶段性降低社会保险费率政策，将失业保险总费率降至 1% ~ 1.5%，其中个人费率不超过 0.5%，降低费率的期限暂按两年执行，具体方案由各省、自治区、直辖市确定。2017 年进一步规定，从 1 月 1 日起，失业保险总费率为 1.5% 的省级地区，可以将总费率降至 1%，降低费率的期限执行至 2018 年 4 月 30 日；并要求在省级行政区域内统一用人单位及个人费率，个人费率不得超过单位费率。2018 年又将这一阶段性降低失业保险费率的政策实施期限延长至 2019 年 4 月 30 日。2018 年 11 月，国务院进一步决定，这一政策在 2019 年 4 月底到期后继续延续实行。目前执行的失业保险总费率为 1%，其中个人费率不超过 0.5%，比《失业保险条例》规定的总费率降低三分之二。从 2015 年至

2018年，连续降低失业保险费率，累计为企业减负约3 000亿元。

除缴费收入外，失业保险基金来源还包括利息收入——基金存入银行或购买国债，所获利息计入失业保险基金；财政补贴收入——《社会保险法》规定，县级以上人民政府在社会保险基金出现支付不足时，给予补贴，但《失业保险条例》施行20年来，失业保险基金总体上收大于支，除个别地区外，没有出现因基金入不敷出而由政府给予财政补贴的情形；其他收入——如基金往来收入、滞纳金收入等。

二、失业保险基金的支出

《失业保险条例》规定的失业保险基金支出有五项：一是失业保险金；二是失业人员领取失业保险金期间的医疗补助金；三是领取失业保险金期间死亡的失业人员的丧葬补助金和其供养的配偶、直系亲属的抚恤金（这三项属于保障失业人员基本生活的支出）；四是失业人员领取失业保险金期间接受职业培训、职业介绍的补贴（属于减少失业、促进再就业的支出，补贴的具体办法和标准由省级政府规定）；五是国务院规定或者批准的与失业保险有关的其他费用（如国务院批准在东部7省市扩大失业保险基金支出项目，国务院规定在全国范围内实行的稳定岗位补贴和参保职工技能提升补贴，以及国务院批准的价格临时补贴）。

《社会保险法》规定，失业人员在领取失业保险金期间，参加职工基本医疗保险，享受基本医疗保险待遇。失业人员应当缴纳的基本医疗保险费从失业保险基金中支付。

三、失业保险基金的统筹与调剂

中国的失业保险基金采取两种分散风险的调剂机制。

（一）基金统筹

失业保险通过同一地区各类用人单位及其职工按同样费率缴费，建立社会统筹基金。对基金统筹的层次，《失业保险条例》规定，直辖市和设区的市实行全市统筹，其他地区的统筹层次由省级政府规定。实践中，目前多数地区实行的是市（地）级甚至县级统筹，统筹层次偏低，基金规模较小，保障能力很弱，致使一些地区发生了失业保险基金支付困难。对此，中国政府确定的目标是，结合地方实际，逐步提高统筹层次，基本实现市级统筹并向省级统筹过渡，促进省级地区统一政策标准、规范操作流程、提高管理水平、增强保障能力，也适当缓解地区之间失业保险基金收支不平衡的矛盾。

（二）省级调剂金

《失业保险条例》规定，省、自治区可以建立失业保险调剂金。这项调剂金以统筹地区依法应当征收的失业保险费为基数，按照省、自治区政府规定的比例筹集。统筹地区的失业保险基金不敷使用时，由失业保险调剂金调剂、地方财政补贴，具体办法由省、自治区政府规定。这一机制重在进行各统筹地区之间的基金余缺调剂。目前，已有26个省、自治区建立了省级失业保险调剂金。当统筹地区出现失业保险基金不敷使用情况时，省级失业保险经办机构对该统筹地区基金需求情况进行评估，综合考虑该地区失业保险扩大参保覆盖面、基金征缴等工作情况，确定对其调剂的基金数额；并对其失业保险金发放等工作情况进行监督，对失业保险调剂金的使用效果进行评估，帮助、督促其采取改进措施。

四、失业保险基金的管理与监督

《社会保险法》规定，社会保险基金按照统筹层次设立预算，通过预算实现收支平衡；社会保险基金预算按照社会保险项目分别编制。《失业保险条例》规定，失业保险基金收支的预算、决算，由统筹地区社保机构编制，经同级社会保险行政部门复核、同级财政部门审核，报同级政府审批。从2010年起，中国开始试行社会保险预算制度，失业保险基金纳入预算编制范围。预算内容包括总收入及其中缴费收入和财政补贴收入、总支出及其中待遇支出、总结存及当年结存基金。初始阶段，预算编制与实际执行结果偏离较大，随着经验积累，预算编制的科学性不断提高，执行力度逐步加大。

失业保险基金按照以支定收原则筹集，一般要求年度收支平衡。失业保险基金必须存入财政部门在银行开设的社会保障基金专户，实行收支两条线管理，专款专用，任何组织和个人不得侵占或者挪用。存入银行和按照国家规定购买国债的失业保险基金，分别按照城乡居民同期存款利率和国债利息计息，利息并入失业保险基金。

经办失业保险业务的社保机构所需经费列入预算，由财政拨付，不得从基金中提取管理费。

政府社会保险行政部门对包括失业保险在内的社会保险基金的收支、管理和投资运营情况进行监督检查，发现问题的，应当提出整改建议，依法作出处理决定或者向有关行政部门提出处理建议；财政部门和审计部门依法对失业保险基金的收支、管理情况进行监督。

表7-1显示，2014年失业保险基金收入达到最高值，之后连续实行降低费率政策，收入规模缩小，近几年维持在1 100亿元左右；同期，基金累计结存继续增多，但增幅收窄；基金支出规模持续扩大，除了保障失业人员基本待遇并逐步提高保障水平外，更多投向稳就业、防失业的支出。

表 7-1　2012—2018 年失业保险基金收支结存情况

亿元

年度	基金收入	基金支出	失业保险金支出	累计结存
2012	1 139	451	181	2 929
2013	1 289	532	203	3 686
2014	1 380	615	233	4 451
2015	1 368	736	270	5 083
2016	1 229	976	309	5 333
2017	1 113	894	318	5 552
2018	1 171	915	358	5 817

资料来源：人力资源社会保障部历年统计公报。

第四节　失业保险待遇

《社会保险法》和《失业保险条例》明确规定了享受失业保险待遇的条件、待遇项目及标准，以及失业保险金的发放期限。

一、享受失业保险待遇的条件

失业人员申领失业保险金，必须符合三个条件。

一是参加失业保险，所在单位和本人已按照规定履行缴费义务满 1 年。这个条件排除了处于初次求职状态的新生劳动力，也排除了未参加失业保险或未按规定缴费的用人单位和个人。

二是非因本人意愿中断就业。包括几种情形：依照劳动合同法有关规定终止劳动合同的；用人单位依法解除劳动合同的；用人单位提出解除聘用合同或者被用人单位辞退、除名、开除的；劳动者本人因用人单位过错依法解除劳动合同的；法律、法规、规章规定的其他情形。

三是已办理失业登记，并有求职要求。目前认定失业人员有无求职要求，以其是否在公共就业服务机构登记求职并参加求职活动为标志。

与此相对应，根据《社会保险法》规定，失业人员在领取失业保险金期间如果出现以下五种情形之一的，停止领取失业保险金及享受其他失业保险待遇。

一是重新就业。失业人员重新就业即转变为从业人员，不再属于失业保险保障范围。

二是应征服兵役。失业人员在领取失业保险金期间应征服兵役后，不再具有失业人员身份，不能继续享受失业保险待遇。

三是移居境外。中国公民在领取失业保险金期间移居境外的，超出了中国失业保险的地域管辖范围，停止享受失业保险待遇。

四是享受基本养老保险待遇。失业人员失业前参加基本养老保险并按规定缴费的，在其达到退休年龄时可以从享受失业保险直接过渡到享受养老保险，基本生活由养老保险金予以保障。鉴于其已退出劳动领域，因而不属于失业保险保障范围，停止享受失业保险待遇。

五是无正当理由，拒不接受当地政府指定部门或者机构介绍的适当工作或者提供的培训。如果有关机构介绍的工作或者提供的培训与失业人员的年龄、身体状况、受教育程度、工作经历、工作能力及求职意愿基本相符而遭到拒绝，被视为“无正当理由”，表明该失业人员缺乏足够的求职意愿，因而停止享受失业保险待遇。这一政策体现了失业保险制度在保障失业人员基本生活的同时促进再就业的积极取向。

二、失业保险待遇项目及标准

由失业保险基金支付的失业保险待遇，包括以现金形式向失业人员提供的替代性收入，也包括通过补贴方式提供的促进再就业的相关服务。失业保险待遇的标准，综合考虑经济社会发展水平、保障基本生活所需水平、促进就业需要和失业保险基金承受能力等因素，在全国统一的基本原则下由省级政府具体确定。

（一）失业保险金

《失业保险条例》规定，城镇企业事业单位职工失业后可申请失业保险金，由社保机构按月发放。失业保险金自办理失业登记之日起计算。失业保险金的标准，按照低于当地最低工资标准、高于城市居民最低生活保障标准的水平，由省级政府确定。2017 年全国统一规定，在确保基金运行安全的前提下，随着经济社会发展，逐步将失业保险金标准提高到当地最低工资标准的 90%；2018 年规定，深度贫困地区可以一步上调至最低工资标准的 90%。失业保险金是最基本、最重要的失业保险待遇项目，其他各项待遇都是以“在领取失业保险金期间”作为前置条件。

（二）缴纳基本医疗保险费

依据《社会保险法》的规定，失业人员在领取失业保险金期间，参加职工基本医疗保险，享受基本医疗保险待遇；失业人员应当缴纳的基本医疗保险费从失业保险基金中支付，个人不缴纳基本医疗保险费。由于失业人员没有工资收入，因而在实际操作中，其缴费基数参照所在统筹地区上年度职工平均工资的一定比例确定，最低比例不低于 60%；缴费比例原则上按照所在统筹地区的费率确定。领取失业保险金的人员自参加职工医疗保险当月起，按规定享受相应的住院和门诊医疗保险待遇，享受待遇期限与领取失业保险金期限相一致。2018 年，全国为失业人员缴纳医疗保险费月均为 347 元。①

（三）丧葬补助金和抚恤金

失业人员在领取失业保险金期间死亡，对其遗属一次性发给丧葬补助金和抚恤金，支付标准参照当地对在职职工的规定执行。为统筹协调各项社会保险之间的关系，避免出现重复领取死亡待遇的情况，《社会保险法》规定："个人死亡同时符合领取基本养老保险丧葬补助金、工伤保险丧葬补助金和失业保险丧葬补助金条件的，其遗属只能选择领取其中的一项。"

（四）农民合同制工人一次性生活补助

用人单位招用的农民合同制工人符合规定的领取失业保险金条件的，与城镇失业职工享有同样的权益。但鉴于农民工跨地区就业的流动性较强，不便在一地按月领取失业保险待遇，《失业保险条例》规定，由社保机构根据其工作时间长短，对其支付一次性生活补助，补助的办法和标准由省级政府规定。

（五）职业培训补贴和职业介绍补贴

失业人员在领取失业保险金期间，由失业保险基金给付用于职业培训和职业介绍的补助金，以帮助其尽快实现再就业。职业培训补贴和职业介绍补贴通常支付给相关职业培训机构和职业介绍机构，而不支付给失业人员个人。补贴的办法和标准由省级政府规定。

---

① 人力资源社会保障部统计资料。

三、失业保险金的发放期限

失业人员领取失业保险金的期限按照其失业前用人单位和职工本人累计缴费时间长短确定，划分为三个档次（见图 7–2）。实行个人缴纳失业保险费前，按国家规定计算的工龄视同缴费时间，与《失业保险条例》颁布后缴纳失业保险费的时间合并计算；职工跨地区转移就业，其失业保险缴费年限累计计算。

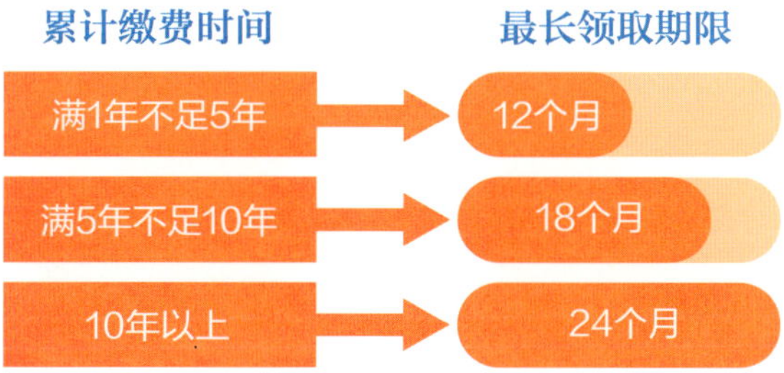

图 7–2　失业保险金领取期限

《失业保险条例》规定，失业人员在领取失业保险金期间重新就业后再次失业的，其领取失业保险金的期限可以与前次失业应领取而尚未领取的失业保险金的期限合并计算，但是最长不得超过 24 个月。失业人员在领取失业保险金期间重新就业后不满 1 年再次失业的，可以继续申领其前次失业应领取而尚未领取的失业保险金。

这些规定体现了三个政策取向：一是给失业人员较充分的寻求新就业机会的时间，在此期间保障其基本生活；二是权利与义务相对应，使长期持续参保缴费者能够享受更多待遇，激励用人单位和职工积极参保；三是引导失业人员珍惜就业机会，尽早实现再就业，防止出现“养懒人”的倾向。对那些领取失业保险金期满后仍未就业的失业人员，国家通过城乡低保等制度保障其基本生活。

表 7–2 显示，2012 年以来，各年年底领取失业保险金人数在 190 万 ~ 230

万人，全年领取人数稳定在400万人左右，没有大的波动，但待遇水平显著提高。

表7-2　2012—2018年领取失业保险金情况

年度	年底领取人数/万人	全年领取人数/万人	人均/（元/月）
2012	204	390	707
2013	197	417	767
2014	207	422	852
2015	227	457	960
2016	230	484	1 051
2017	220	458	1 111
2018	223	452	1 266

资料来源：人力资源社会保障部历年统计公报。

此外，相关法规还对有关失业保险的争议提供了救济渠道。失业人员对失业保险经办机构违反规定擅自停止其失业保险待遇的，有权向社会保险行政部门申请行政复议，对复议决定不服的，可以向人民法院提起诉讼。

第五节　失业保险与更加积极就业政策紧密结合

近年来，中国的失业保险制度在充分发挥保障失业人员基本生活作用的同时，越来越强调其稳定岗位、预防失业、促进就业的功能，实施了一系列创新举措，体现了与更加积极的就业政策紧密结合的取向。

一、在东部地区开展扩大失业保险基金支出范围试点工作

从2006年起，国家指导北京、上海等东部7个经济较发达的省市开展适当扩大失业保险基金支出范围的试点。试点地区在认真分析失业保险基金收支和结存状况、统筹考虑地方政府预算安排就业再就业财政资金的前提下，将失业保险基金支出项目扩大到职业培训补贴、职业介绍补贴、社会保险补贴、岗位补贴和小额担保贷款贴息，享受对象为领取失业保险金期间的失业人员。2012年，支出项目又增加了职业技能鉴定补贴和小额贷款担保基金，共7个项目，并将政策执行期延长到修订《失业保险条例》实施之日。试点以来，东部7省市累计投入促就业资金约1 600亿元。这项试点，不仅为中国劳动力市场最为活跃的东部地区提供了稳定就业局势、促进劳动者就业创业的有利条件，而且创造出了符合中国实际的失业保险基金使用模式，凸显了保障生活与促进就业相结合的制度功能，为在全国范围内优化政策、提高失业保险基金使用效率、增强制度吸引力积累了新经验。

二、实施稳岗返还（补贴）政策

从2014年开始，适应中国经济供给侧结构性改革的要求，实行了失业保险支持企业稳定岗位的新举措：对在兼并重组、化解产能过剩、淘汰落后产能中采取措施不裁员或少裁员稳定职工队伍的企业，由失业保险基金给予稳定岗位补贴，补贴标准为不超过本企业及其职工上年度实际缴纳失业保险费的50%。2015年，又将这项政策的实施范围由原规定的三类企业扩大到所有符合条件的企业。2017年，针对作为化解过剩产能重点的钢铁、煤炭、煤电行业，对其不裁员或少裁员的企业，降低支付稳定岗位补贴的门槛并提高

补贴标准。2018 年，按照国家脱贫攻坚的总体部署，将深度贫困地区的稳岗返还标准提高到上年度实际缴纳失业保险费总额的 60%，同时允许这些地区吸纳建档立卡贫困人员就业的事业单位也享受失业保险基金支出的稳岗返还。同年，人力资源社会保障部在全国范围内组织实施了为期 3 年的失业保险援企稳岗“护航行动”，力争实现这项政策对符合条件的统筹地区全覆盖，对符合申领条件的主体全覆盖。2018 年年底进一步明确，对面临生产经营困难且恢复有望的参保企业，在 2019 年度给予更大力度的稳岗返还，返还标准可按 6 个月的当地月人均失业保险金和参保职工人数确定，或按 6 个月的企业及其职工应缴纳社会保险费 50% 的标准确定。2015—2018 年，全国共向 168 万户企业发放稳岗返还（补贴）759 亿元，惠及职工 1.8 亿人，在经济转型升级、产业结构调整中帮助企业渡过难关，失业保险制度更好地发挥了稳定职工队伍和就业局势的作用。

三、创新技能提升补贴政策

支持职工技能提升是近年来失业保险政策的又一重大创新。《失业保险条例》只规定失业保险基金对失业人员领取失业保险金期间接受职业培训支付补贴，而在产业结构调整、技术升级中，在职职工提升职业技能的需求凸显出来，这也是稳定就业岗位、预防失业的客观需要。从 2017 年起，在全国范围内统一规定，可以用失业保险基金支持参保职工提升职业技能。具体政策是：对参加失业保险累计缴费 3 年及以上的企业职工，取得初级、中级、高级职业资格证书或职业技能等级证书的，可按初级工 1 000 元、中级工 1 500 元、高级工 2 000 元的标准上限申领补贴。2018 年又将技能提升补贴申领条件由参加失业保险 3 年以上放宽至参保 1 年以上，并允许深度贫困地区吸纳建档立卡贫困人员就业的事业单位也享受失业保险基金支出的技能提升补贴。同年，人力资源社会保障部组织实施“展翅行动”，推动各地积极主动、全面规范地落实技能提升补贴政策。2018 年，向全国 61.4 万人次参保职工发放技能提升补贴 9.8 亿元。这项政策使失业保险制度具有了更加鲜明的预防失业的积极导向，同时又为总体提升中国人力资源质量提供了有力支持。

四、探索建立失业动态监测和失业预警制度

《中华人民共和国就业促进法》规定：“县级以上人民政府建立失业预警制度，对可能出现的较大规模的失业，实施预防、调节和控制。”从 2008 年开始，首先在各地开展了失业动态监测试点工作，及时掌握经济波动期内就业岗位动态变化情况，为采取预防和调控失业措施提供依据。目前，在全国 330 多个地级以上行政区开展了失业动态监测工作，5 万多户企业 2 700 多万个岗位纳入了监测范围，按月分析岗位变化情况，动态监测数据，成为分析判断就业形势的依据之一。在此基础上，2012 年以来，在北京等四省五市开展失业预警试点工作，形成了相关部门协调机制，建立了专家咨询机构，构建了数据分析模型，制定了应急预案，并适时开展评估工作，为在全国推行失业预警制度积累了经验。

《失业保险条例》颁布实施 20 年来，特别是《社会保险法》施行以来，中国的失业保险制度从初期侧重保障失业人员基本生活，逐步向保生活、防失业、促就业“三位一体”复合功能发展。参保规模逐年扩大，受益群体基本稳定，保障项目不断增加，保障水平稳步提高，制度运行总体平稳，当期基金收支平衡略有结余，基金累计结存具备较强的抵御经济波动、应对规模性失业风险的能力。中国特色社会主义进入新时代，面对国内外经济社会发

展不确定、不稳定的风险挑战，失业保险制度将更加注重发挥稳定就业、预防失业的功能，在总结实践经验基础上适时修订相关法规，进一步密切与积极就业政策的协调关系，完善与医疗保险、养老保险、最低生活保障等社会保障制度相互衔接的政策，形成更加全面、规范、积极的制度体系。

第八章
生育保障制度

生育保障旨在通过制度性安排来分散因生育导致的经济风险（包括收入损失和医疗费支出），保障职业妇女生育期间基本生活和身体健康。

生育保障待遇一般分为生育津贴和生育医疗照顾两部分。中国现行的生育保障采取以生育保险为主的模式，并将生育津贴和生育医疗照顾两部分组合在统一的职工生育保险制度中。

第一节　中国生育保障制度的发展沿革

70 年来，中国的生育保障制度几经变化，最终形成了适应社会主义市场经济体制要求、以生育保险为主体的制度。

1951 年颁布施行的《劳动保险条例》，对企业职工的生育保障作出规定：实行劳动保险的企业女职工和男职工的妻子均可享受不同程度的生育保险待遇；女职工生育可以享受 56 天产假，难产者另加 14 天，流产的可享受 30 天的假期，产假期间的工资由企业照发；女职工孕期检查费和分娩接生费由企业支付；女职工、男职工配偶生育，由劳动保险基金发给生育补助费。劳动保险制度包含的生育保障内容，具有雇主责任制与社会保险相结合的特征，是中国生育保险制度的雏形。1955 年 4 月，国务院发布《关于女工作人员生产假期的通知》，将全国国家机关女工作人员生育保障政策统一起来，有关产假期限和工资给付的规定与《劳动保险条例》完全一致，这一政策也适用于事业单位及其工作人员。

20 世纪五六十年代的中国生育保障制度，主要覆盖群体是城镇公营单位的职工，与当时的计划经济体制相适应。20 世纪 70 年代以后，配合国家以控制人口增长为核心的计划生育政策，规定只有符合计划生育政策的职工才能享受相关生育保障待遇。1988 年颁布的《女职工劳动保护规定》，将符合计划生育政策的女职工产假由 56 天增加到 90 天，并明确“不得在女职工怀孕期、产期、哺乳期降低其基本工资，或者解除劳动合同”。

改革开放以后，随着社会主义市场经济体制逐步建立，包括生育保障在内的中国社会保障体系建设进入了新的历史阶段。劳动力市场日益活跃，企业有了用人自主权，激发出自主经营、参与竞争的活力，但也出现了为降低成本而排斥妇女的现象，对原有的单位承担生育保障职责的制度模式提出了挑战。20 世纪 80 年代末一些地区尝试重建生育保险费社会统筹机制，以期更有效地维护女职工权益，同时均衡使用女职工多少不一的企业之间的经济负担，促进其平等参与市场竞争。到 1994 年，全国已有近五分之一的市县进行了这一探索。1994 年颁布的《劳动法》，在社会保险和福利专章中，规定按照社会保险类型确定资金来源，逐步实行社会统筹，其中生育被列为享受社会保险待遇的五种情形之一，奠定了单独建立生育保险制度的法律基础。配合《劳动法》的贯彻实施，劳动部于 1994 年 12 月颁布《企业职工生育保险试行办法》，首先在企业范围内建立起社会统筹模式的生育保险制度。2010 年颁布的《社会保险法》对生育保险作了专章规定，成为中国生育保险的基本规范。

2016 年制定的国家“十三五”规划纲要，确定将生育保险和基本医疗保险合并实施。2018 年政府机构改革，组建了国家医疗保障局，负责对各项医疗保险、医疗救助和生育保险实行统一管理。

第二节　生育保险的主要政策

中国现行生育保险制度的主要法律法规依据是《社会保险法》《劳动法》《妇女权益保障法》《女职工劳动保护特别规定》等，1994 年作为部门规章颁布的《企业职工生育保险试行办法》的一些具体政策依然有效。

一、覆盖范围

依照《社会保险法》规定，中国生育保险制度的覆盖范围包括中华人民共和国境内所有用人单位及其职工，超越了 1994 年部门规章只适用于企业及其职工的范围。《社会保险法》还专门规定“进城务工的农村居民依照本法规定参加社会保险”，但生育保险目前不包括非城镇用人单位及其职工。

1995—2003 年，随着《劳动法》的实施，生育保险制度在全国逐步普及，参保人数从 1 500 万人增加到 3 655 万人；2004—2010 年间，进入了快速增长期，参保人数从 4 384 万人猛增到 1.2 亿人；2011 年后，随着《社会保险法》的贯彻落实，参保人数持续增加到超过 2 亿人，特别是享受生育保险待遇人数成倍增长，显示出制度的保障功能。

图 8-1 显示，2018 年全国生育保险参保人数比《社会保险法》实施前的 2010 年增长 66%，同期享受待遇人数增长近 3.5 倍，2011—2018 年累计有 5 370 万人享受生育保险待遇；特别是自国家实施全面两孩生育政策以来，

2016 年以后享受待遇人数猛增，2018 年出现回落。

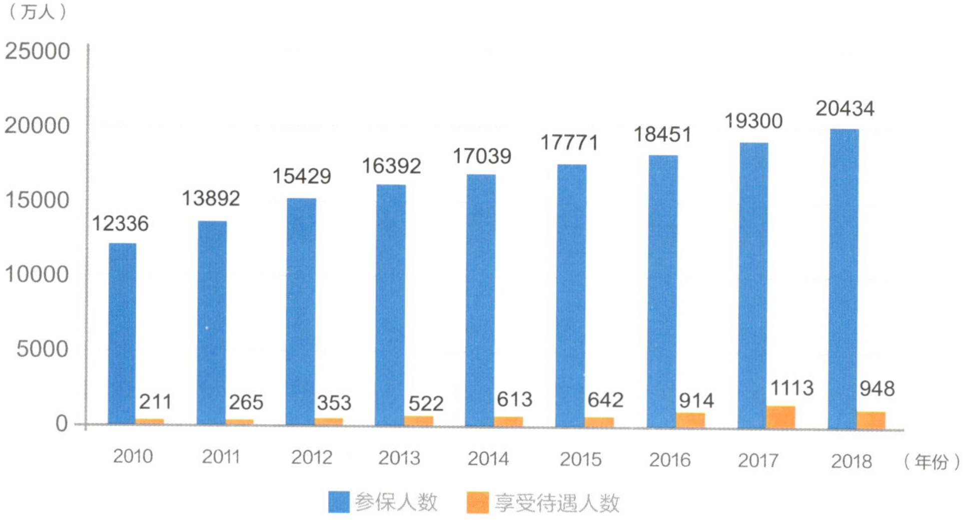

图 8-1　2010—2018 年生育保险参保和享受待遇人数

资料来源：人力资源社会保障部历年统计公报，2018 年数据引自国家医疗保障局统计公报。

云南纺织厂是女职工集中的大型企业，实行生育保险基金统筹试点后，这个厂的女职工格外高兴。图为 1995 年六一儿童节，她们抱着自己的小宝宝欢聚一堂。

二、资金筹集

生育保险根据“以支定收、收支基本平衡”的原则筹集资金，建立社会统筹基金。参保单位以工资总额为基数，按照规定的比例缴纳生育保险费，职工个人不缴费。单位缴费比例由各统筹地区具体确定，以适应各地区间经济社会发展情况的差异，但全国统一规定费率最高不得超过职工工资总额的1%。实际运行中，各地生育保险费率多年维持在0.6%～0.7%的水平。

2015年，按照国务院关于进一步减税降费的决定，从10月1日起，在生育保险基金结余超过合理结存的地区降低生育保险费率。“合理结存”标准定为基金结存量相当于6～9个月的待遇支付额，要求超过这一标准的统筹地区，将费率调整到0.5%以内。2016年，全国生育保险平均费率为0.618%，至今大体维持在这一水平（见表8-1）。

表8-1　2011—2016年生育保险费率变化情况

年份	2011	2012	2013	2014	2015	2016
费率/%	0.670	0.690	0.706	0.707	0.698	0.618

三、待遇给付

用人单位已经缴纳生育保险费的，其职工享受生育保险待遇，所需资金从生育保险基金中支付。生育保险待遇包括生育医疗费用和生育津贴。

（一）生育医疗费用

女职工生育期间的医疗费用，包括检查费、接生费、手术费、住院费和药费以及因生育引起疾病的医疗费，在合规范围内均由生育保险基金支付，没有起付线的规定，一般也不设封顶线（有些地区实行了定额支付标准），即合规的生育医疗费用由基金全额支付，个人不付费；但生育期间的其他疾病治疗费用则按职工医疗保险制度的规定支付。

（二）生育津贴

女职工生育停工享受法定产假或计划生育手术假期间，单位不再支付工资，由生育保险基金按月支付生育津贴。目前规定的产假为 98 天；难产的增加 15 天；生育多胞胎的，每多生育 1 胎增加 15 天；此外还有各地规定的晚育假期。女职工流产的，怀孕未满 4 个月的享受 15 天产假，超过 4 个月的享受 42 天产假。生育津贴的支付期限一般与法定产假期限相一致。考虑到女职工在停工生育前就可能因为怀孕而被调整工作岗位、减少工资收入的情况，为避免由此导致其经济损失，生育津贴支付标准不是按女职工本人产假前的工资计算，而是按用人单位上年度职工平均工资计算支付。

表 8-2 显示，近几年，生育保险基金收入持续增加，但 2016 年增速骤降，这是国家指导各地降低费率的结果；基金支出也在 2016 年、2017 年猛增，这是实施全面两孩生育政策效果的显现；与此相关，全国基金结存在 2015 年曾达到支付近 20 个月的规模，到 2018 年降低为平均 9 个月的支付水平。

表 8-2　2012—2018 年生育保险基金收支结存情况

亿元

年度	基金收入	基金支出	累计结存
2012	304	219	428
2013	368	283	515
2014	446	368	593
2015	502	411	684
2016	522	531	676
2017	642	744	564
2018	781	762	582

资料来源：人力资源社会保障部历年统计公报，国家医疗保障局 2018 年统计公报。

四、管理服务

生育保险的参保、缴费、待遇支付由各统筹地区社保机构管理。生育保险基金存入财政部门的社会保障基金专户，所得利息计入生育保险基金。生育医疗服务由社保机构与有资质的医疗机构签订定点服务协议，职工生育由定点医疗机构提供医疗服务，社保机构与医疗机构直接结算相关费用。生育津贴由社保机构直接支付给职工本人。

第三节　生育保险与医疗保险合并实施

2016—2020 年国家“十三五”规划纲要提出，将生育保险和基本医疗保险合并实施。其背景有两个方面。其一，已经普及的城乡居民基本医疗保险开始逐步推行按病种付费方式，城乡居民生育医疗费用通常作为专项“病种”由医疗保险基金按规定支付；职工基本医疗保险中则不包含生育医疗费用，而是单独建立生育保险制度。在完善全民医保体系的进程中，需要对这两套体系作出统筹协调安排。其二，职工生育保险中有关生育医疗服务及费用支付的政策规定，在定点协议管理、药品和诊疗项目目录管理、支付方式等方面都与职工医疗保险大体一致，实践中大多数地区也由同一社保机构统一经办。生育保险与职工基本医疗保险合并实施，有利于相关险种间的综合平衡，也可以降低行政运行成本。

由于《社会保险法》规定生育保险和职工基本医疗保险是各自独立的险种，为推动这项改革，全国人大常委会专门作出决定，授权国务院在两项社会保险合并实施的试点城市行政区域，暂时调整适用《社会保险法》有关规定。依据授权，国务院办公厅于 2017 年印发《生育保险和职工基本医疗保险合并实施试点方案》，确定河北省邯郸市、山西省晋中市、辽宁省沈阳市、江苏省泰州市、安徽省合肥市、山东省威海市、河南省郑州市、湖南省岳阳市、广东省珠海市、重庆市、四川省内江市、云南省昆明市为试点城市，试点期限为 1 年左右时间。2017 年 6 月底前，各试点城市相继启动了两项社会保险合并实施的试点工作。

2018 年，生育保险新增参保人数 1 134 万人，增量较以前各年多几百万人，初步显示了生育保险与医疗保险合并实施的积极效果。经过试点探索和总结经验，2019 年 3 月，国务院办公厅印发《关于全面推进生育保险和职工基本医疗保险合并实施的意见》，在全国范围内全面推进两项社会保险合并实施，总体思路是保留险种、保障待遇、统一管理、降低成本，主要政策是“四个统一、一个不变”。

一、统一参保登记

参加职工基本医疗保险的在职职工同步参加生育保险。这一举措减轻了用人单位分别办理参保的事务负担，同时也扩大了生育保险的覆盖面。根据 2018 年年底的数据，全国参加职工基本医疗保险的可对比人数较生育保险参保人数多 2 800 余万人，合并实施两项社会保险制度后，将有更多职工被纳入生育保险保障范围。

二、统一基金征缴和管理

生育保险基金并入职工基本医疗保险基金统一征缴，统筹层次一致。用人单位按两项制度的缴费比例之和确定新的职工基本医疗保险费率，个人不缴纳生育保险费。新的职工基本医疗保险基金不再单列生育保险基金收入，但在统筹基金待遇支出中设置生育待遇支出项目，即实行“统收分支”。这项举措将原来的两项社会保险基金整合为一，形成了更大的“蓄水池”，有利于增强基金统筹共济能力。

三、统一医疗服务管理

两项制度实行统一定点医疗服务管理，签订相关医疗服务协议时要将生育医疗服务有关要求和指标增加到协议内容中，并执行统一的药品目录、诊疗项目和医疗服务设施范围。将生育医疗费用纳入医保支付方式改革范围，推动住院分娩等医疗费用按病种付费、产前检查按人头付费等。这项举措在规范管理的同时，也有利于统筹推进医疗—生育保险费用支付方式的改革。

四、统一经办和信息服务

两项保险合并实施后，由基本医疗保险经办机构统一经办管理，充分利用医疗保险信息平台，实行信息系统一体化运行。但原有生育保险医疗费用结算平台暂时保留，待条件成熟后并入医疗保险费用结算平台。通过提升信息化管理水平，一方面跟踪分析两项制度合并实施后基金运行情况和支出结构，完善生育保险监测指标，并根据生育保险支出需求，建立费率动态调整机制；另一方面也有助于科学研判当前和今后人口形势对生育保险支出的影响，增强风险防范能力，实现制度可持续发展。

五、确保生育保险待遇不变

生育保险待遇包括《社会保险法》规定的生育医疗费用和生育津贴，所需资金均从新的职工基本医疗保险基金中支付。生育津贴支付期限按照《女职工劳动保护特别规定》等法律法规规定的产假期限执行。这一政策，明确了两项制度合并实施后生育津贴列支渠道和支付规则，保证了政策的延续性，保障了女职工的法定权益。

中国妇女的劳动参与率为70%左右，其中25～55岁年龄段更是高达90%，一直居于世界前列。生育保险制度的普遍施行，有效维护了中国妇女的健康、生育和劳动权益，并通过社会统筹机制分散了使用女性职工多的单位的经济风险，促进了劳动力市场的性别平等。2019年年底前全面落实生育保险与职工基本医疗保险合并实施的政策后，这一积极效应必将得到更充分的显现。

第九章 社会保险经办管理服务

政策制定和经办管理服务是社会保险制度运行相辅相成的两个侧面，前者确定规则，后者保证实施，二者如鸟之两翼、车之双轮，都不可或缺。中华人民共和国成立 70 年来，伴随着中国社会保障制度建设发展的进程，社会保险经办管理服务事业从小到大，服务范围从城市到乡村，管理规范从粗放逐步走向精准。改革开放以来，特别是中共十八大以来，中国政府坚持以人民为中心的发展思想，从保障和改善民生、促进公平正义、维护社会和谐稳定的高度，完善社会保险经办体制，创新管理，优化服务，增强公平性、适应流动性、保证可持续性，使人民群众的社会保障获得感、幸福感和安全感不断增强。

第一节　社会保险经办体系

社会保险经办是由法定主体依照法律授权所进行的筹集管理社会保险基金、办理社会保险事务的公共管理服务活动。在中国，经办社会保险事务的主体是社会保险经办机构。

《社会保险法》规定："社会保险经办机构提供社会保险服务，负责社会保险登记、个人权益记录、社会保险待遇支付等工作。""统筹地区设立社会保险经办机构。社会保险经办机构根据工作需要，经所在地的社会保险行政部门和机构编制管理机关批准，可以在本统筹地区设立分支机构和服务网点。"

依据法律，社会保险经办机构是隶属各级政府的公共服务机构，其设立须经政府批准，其工作人员经费和经办社会保险发生的基本运行费用、管理费用，由同级政府财政按照国家规定予以保障，不从社会保险基金中提取管理费。

中国法定的社会保险项目包括养老保险、医疗保险、工伤保险、失业保险和生育保险五个险种，此外，正在试点的长期护理保险也纳入了社会保险体系。与此相关，社保机构的设立，在横向上有两种类型。第一类是按险种分别设立，但失业保险经办机构通常与政府就业服务机构合并设立，医疗保险通常与生育保险合并设立机构；有些地区划分更细，对农村养老保险、机关事业单位养老保险也单独设立了经办机构。2017 年年底，全国各级各类社保机构（不含各级失业保险经办机构）共计 7 985 个，其中，以养老保险为主的 5 561 个，主要负责医疗保险和生育保险经办的 2 081 个，专责工伤保险的 341 个，其他机构（医疗保险监督检查机构）2 个。第二类是设立综合性社保机构，统一提供各项社会保险经办管理服务。近年来，多个地区逐步整合机构，归并管理服务职能。特别是 2018 年政府机构改革后，职工和居民医疗保险、生育保险以及试点中的长期护理保险由医疗保障部门统一管理后，其他几项社会保险统一经办更是成为必然趋势。在纵向上，也有两种类型。一是逐级设立社保机构。2017 年，全国省级社保机构 59 个，地市级社保机构 990 个，县区级社保机构 6 936 个。二是省或地市级设立社保机构，以下层级作为分支机构，实行垂直管理。随着各项社会保险基金统筹层次的提高，后一种类型将越来越多。

2017 年，全国各级各类社保机构实有工作人员 21.58 万人（其中县区级社保机构工作人员占 73%），是社会保险管理服务的骨干力量。单独成立医疗保障部门后，截至 2018 年年底，隶属人力资源社会保障部门的社保机构工作人员减少约 27.64%。此外，在城市街道和农村乡镇都设有劳动就业社会保障服务站，有几十万名管理服务人员；在城市社区和农村村屯还有几十万名劳动保障协理员。他们虽然不是社会保险专职工作人员，却承担了大量协助群众办理社会保障事务的工作，是社会保险管理服务体系重要的人力资源。

各级各类社保机构是国家社会保险政策的执行者、社会保险基金的管理者、社会保险服务的提供者，所从事的工作具有四个特征。一是法制性。社保机构依法设立，其经办管理服务内容具有法律法规和国家政策授权属性，体现公权力，因而必须提高工作的规范化程度。二是服务性。作为政府直接向各类经济社会组织和参保个人提供公共服务的重要窗口，社保机构必须坚持以人民为中心，不断优化服务。三是持续性。社保机构的管理服务是长期的，要对所有参保人“记录一生、保障一生、服务一生”，因而必须建设完备的、可追溯的信息系统。四是专业性。开展社会保险经办管理服务工作，需要综合运用公共管理、保险、金融、医药等多种专业知识，因而必须不断提高工作人员职业素养和专业技术水平。截至 2017 年年底，全国社保机构工作人员中，93% 具有大专及以上学历，其中大学本科及以上学历人员约占 59.4%。

经过几十年的发展，中国的社会保险经办管理服务体系已经形成了横跨各项社会保险，纵贯中央、省、市、县并延伸到街道、乡镇和城乡基层社区的立体网络，按各项社会保险参保人数叠加计算，为 29 亿多人次提供了不断优化的公共服务。

标准化的社会保险经办机构服务大厅。

第二节　社保机构经办管理服务的主要内容

社会保险经办管理服务的对象是社会保险制度覆盖的参保单位和参保人员。依据社会保险法律法规和政策规定，社保机构直接向相关法人和自然人提供的经办管理服务主要内容是：办理参加社会保险登记，核定社会保险费缴费基数，记录参保人员社会保险权益，支付社会保险待遇，开展退休人员社会化管理服务，为参保人员和参保单位提供社会保险业务咨询服务。过去，社保机构还负责依法征收社会保险费，按照2018年政府机构改革方案，这项职能正逐步移交给国家税务机关。

一、参保登记

对用人单位和个人参加社会保险进行登记，是建立社会保险关系的标志，也是经办管理的第一个环节。用人单位或个人应在规定时限内到社保机构办理社会保险登记，登记情形变化后应及时申请变更或者注销；社保机构收到登记、变更或者注销的申请，应在规定时限内予以审核、办理。

在过往实际经办中，社保机构对经审核符合法律规定的单位和个人参保者，发给社会保险登记证，确认其权利和义务，并定期核验、换发登记证。2016 年，中国政府深化商事制度改革，优化营商环境，实行“五证合一、一照一码”，将原来各管理部门单独核发的工商营业执照、组织机构代码证、税务登记证、社会保险登记证、统计登记证合而为一，统一核发加载社会信用代码的营业执照。各级社保机构落实这项改革任务，精简优化企业社会保险登记审核流程，使用统一营业执照办理社会保险登记事务，不再单独核发社会保险登记证，并取消定期验证和换证制度。同时，升级社会保险业务信息系统，完善与相关部门的数据共享和交换机制，使用各登记机关共享的企业基本登记信息及变更、注销等信息，同步进行社会保险登记管理，有效减少社会保险登记办理时间，为参保企业提供了便利化服务。

二、缴费核定

用人单位和个人缴费是社会保险基金的主要来源，对用人单位或个人申报的缴费基数进行核定是依法征收社会保险基金的基础性工作。2018 年，中国的各项社会保险费改由税务部门统一征收，这是提高社会保险基金征管效率的重要举措。

自 2019 年 5 月 1 日起，开始实施国务院颁布的《降低社会保险费率综合方案》。其中一项重大举措是对城镇职工社会保险缴费基数政策作出了调整，从过去以城镇非私营单位就业人员平均工资为基数来核定个人缴费基数上下限，改为各省份以本省城镇非私营单位就业人员平均工资和城镇私营单位就业人员平均工资加权计算的全口径城镇单位就业人员平均工资来核定，从而降低部分参保人员和用人单位的社保缴费基数；而对城镇个体工商户和灵活就业人员参加企业职工基本养老保险，可以在这一口径平均工资的60%～300%之间选择适当的缴费基数。目前，大多数省份的政策调整已经到位，社保机构按照新的口径核定了相关单位和群体的缴费基数，并组织个体、灵活就业人员选择缴费档次。

三、社会保险关系管理

中国的社会保险制度遵循权利与义务对应原则，个人权益记录是确定相关待遇的基本依据，特别是基本养老保险、职工基本医疗保险、失业保险三项社会保险，待遇水平高低与参保缴费时间长短及缴费多少高度相关，因此，确定和维护个人权益记录是社会保险经办管理的重要内容。《社会保险法》规定，社保机构应当及时、完整、准确地记录参加社会保险的个人缴费和用人单位为其缴费，以及享受社会保险待遇等个人权益记录；用人单位和个人可以免费向社保机构查询、核对其缴费和享受社会保险待遇记录，社保机构应提供相关服务。

早期，社保机构以手册、账单、纸质邮件等载体记录参保单位和个人的权益并进行对账、查询。现在已全面实行计算机管理和电子档案存储，使个人权益记录更加准确、可靠。同时提供多种查询平台——大厅服务窗口、自助查询机、网络平台、移动通信终端等，使查询服务更加便捷化、人性化。

办理社会保险关系转移接续是社会保险关系管理的又一项重要内容。中国正处于人口流动性很强的发展阶段，流动就业或居住群体的社会保险管理有两种情形：一是跨基金统筹地区流动，需要流入地和流出地社保机构转移接续参保职工或居民的社会保险关系，有的险种（如养老保险、职工医疗保险）要转移个人账户资金，有的还要转移部分统筹基金（如职工基本养老保险）；二是跨制度流动，如一些城乡流动就业群体，曾先后分别参加过居民保险和职工保险，需要在不同制度间进行衔接。国家统一制定了社会保险关系跨省转移接续和跨制度衔接政策，并要求各省份相应制定省内跨统筹地区流动的转移接续政策，维护各类参保人员的连续性权益。在经办管理措施上，制定了全国统一的经办规程，建立了全国所有县级以上社保机构联系方式信息库并向社会公布，方便参保人员查询参保缴费情况和办理转移接续手续；建设了全国统一的社会保险信息平台，各地社保机构在网络系统上受理申请，办理转移接续业务，查询转移接续进度，大大提高了工作效率，也减轻了流动参保群体本人往返两地的负担。

四、待遇核定与支付

社会保险基金支付的待遇，根据不同情况分为长期待遇（如养老金、工伤伤残津贴等）、定期待遇（如失业保险金、生育津贴等）和一次性待遇（如医疗费用结算、工亡丧葬待遇等）。社保机构负责各项社会保险待遇的核定和支付。

核定社会保险待遇的程序，通常由本人或其用人单位申请，社保机构依据国家法规政策予以核定，必要时在所在单位或社区进行公示。社保机构主要从三方面核定待遇申请：一是确认资格，如是否参保，是否符合规定的年龄条件及缴费年限等；二是确认支付待遇的项目范围；三是确认支付标准。当事人对核定结果有异议的，可以申请重新核定。

待遇核定完成后，社保机构在规定时间内按照核定的待遇标准为参保人支付待遇。有些待遇以现金支付给参保人本人，如养老金、失业保险金、工伤伤残津贴等；有些则支付给提供社会保险相关服务的机构，如提供医疗服务的机构、生产和装配工伤伤残辅助器具的机构、为失业人员提供职业培训的机构等，同时对这些机构提供服务的数量和质量负有监督责任。

中国政府根据经济社会发展、职工工资和城乡居民收入水平提高、物价变化以及社会保险基金和财政承受能力等因素，稳步提高各项社会保险待遇水平。有的由中央政府统一制定待遇调整政策，如企业退休人员基本养老金连续十几年调整；有的则建立了与相关因素自动挂钩的机制，如工亡补助金标准按上年度全国城镇居民人均可支配收入的 20 倍计发，失业保险金标准为当地最低工资标准的 90% 等。这些待遇调整工作，都由各级社保机构执行，确保按时足额发放到位并准确记录。

近年来，各项社会保险基金支出快速增长，表明受益面扩大，保障水平逐步提高，参保人员的获得感不断增强（见图 9-1）。

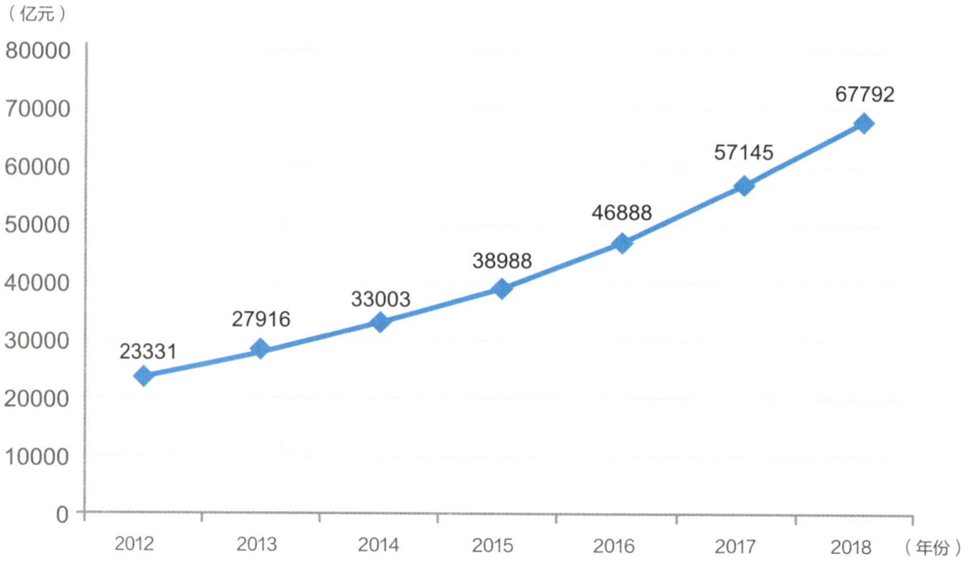

图 9-1　2012—2018 年全国各项社会保险基金合计支出情况

资料来源：人力资源社会保障部历年统计公报，国家医疗保障局 2018 年统计公报。

五、退休人员社会化管理服务

中国社会保险的社会化服务包含两个层面：一是向所有参保人提供普遍的基本公共服务，二是专门针对退休人员的社会化管理服务。

中国建立社会主义市场经济体制后，在经济结构调整和企业改制中，企业的兼并、破产、重组成为常态，人员的流动性明显加强。同时，随着社会保障制度的改革发展，企业不可能也不应当再承担退休人员管理这类社会事务。进入 21 世纪以来，在参加职工基本养老保险的企业范围内，社保机构承担起组织退休人员社会化管理服务的职责，即在职工办理退休手续后，其管理服务工作与原企业相分离，养老金实行社会化发放，人员移交城市街道和社区实行属地管理，由社区服务组织提供相应的管理服务。社保机构在确保基本养老金按时足额发放的基础上，依托社区组织妥善办理退休人员人事档案等转移交接事项，指导社区对退休人员开展走访慰问、文体活动及养老护理等工作，确保企业退休人员老有所养，继续享受服务。2014 年机关事业单位养老保险制度改革后，这方面工作进一步扩展。

六、社会保险咨询和宣传

社会保险项目多、政策细，桩桩件件都关系到群众的切身利益。提供便利的咨询方式，做好政策宣传、说明、阐释工作，是政府相关部门的职责，也是社会保险服务的重要内容之一。特别是实行自愿参保的城乡居民养老、医疗保险制度，做好这方面工作也是引导群众积极参保、持续缴费的必要措施。

每当有社会保险重大政策出台，政府部门都及时组织新闻发布、媒体报道、专家解读，使社会各方面了解政策要旨和指向，提高政策透明度和公众知晓度。在每年的特定时间，还组织全国性的社会保险宣传推广活动，如在中国传统节日重阳节，开展养老保险宣传；在4月末的全国安全生产周，组织工伤保险宣传等。同时畅通多种咨询渠道，方便参保人咨询其关注的个性化问题。在沟通平台上，除了社保机构服务窗口接受咨询外，政府网站开通了网上咨询服务，建立了全国统一的12333电话咨询服务系统。近年来，还利用微信、手机App等新媒体提供咨询服务。在沟通形式上，围绕群众最关心的热点问题，针对不同群体的文化习惯，着力采取形象生动的方式。如在新农保推进过程中，许多地区通过创作当地歌谣戏曲、制作卡通漫画等老百姓喜闻乐见的形式，深入浅出地梳理政策、解疑释惑，取得良好效果。2019年，社保机构在全国范围内开展养老保险待遇“看得懂、算得清”专项活动，优化养老保险缴费记录查询和待遇测算服务，用通俗的语言、实际的数据、身边的案例，把政府的惠民举措说清楚、讲明白，进一步提高社会保险政策的社会知晓度。

第三节　社保机构内部运行管理

社保机构内部运行管理，包括社会保险基金管理和运营、风险防控、依规监督相关服务机构、内部制度建设和能力提升等。社保机构内部运行管理虽然不直接面对公众，却是为社会提供高质量经办服务的重要支撑条件。

一、社会保险基金预算管理

中国的社会保障基金是由五项基本社会保险基金、多项补充社会保险基金和全国社会保障基金构成的复合系统。全国社会保障基金由国务院授权财政部、人力资源社会保障部直接监管；社保机构对各项社会保险基金负有管理职责，其中对基本社会保险基金的管理包括基金的预决算、日常收支管理、统筹调剂、结余基金依法投资运营等。

1999年颁布的《社会保险费征缴暂行条例》，规定社会保险基金实现收支两条线管理，即社保机构设立社会保险基金收入户、支出户，财政部门设立社会保障基金财政专户，三个账户均在国有商业银行开设。基金收入存入收入户，按月转入财政专户；基金支出时，从财政专户向支出户划拨基金，由社保机构办理社会化发放和结算；结存基金存入财政专户。针对社会保险基金管理，制定了专门的财务制度和会计制度。社会保险行政部门和社保机构负责基金的管理，财政部门实施财政监督。结合社会保险制度改革和发展，又制定和完善了机关事业单位养老保险、企业年金、职业年金等基金管理制度。

2010年开始试编城镇职工五项社会保险基金预算，预算项目包括基金收入（总收入及其中缴费收入、财政补助）、基金支出（总支出及其中待遇支出）和基金结余（总结余及其中当年结余）。基金预算分为国家、省、统筹地区三级，按年度编制，逐级汇总。地方编制基金预算，要综合考虑本地区上年度基金预算执行情况、本年度经济社会发展水平预测以及社会保险新政策出台、工作计划等因素。各级基金预算编制的程序是：由社保机构编制预算草案，经本级人力资源社会保障部门（以下简称人社部门）审核汇总、财政部门审核后，由财政和人社部门联合报本级政府（全国基金预算报国务院）审批，并在经审批后报上一级财政和人社部门，同时批复社保机构执行。在预算期结束后，分级编制基金决算，执行与预算编制同样的审批和报告程序。实行基金预算管理制度，改变了以往由各地自行确定基金收支计划的状况，增强了社会保险基金管理的严肃性。

目前，对城乡各项基本社会保险基金都实行了预算管理，预算编制的科学性和准确度不断提高，预算管理体系逐步健全，对社会保险基金收支管理的规范、引领作用明显。自 2013 年起，全国汇总的社会保险基金预算向全国人大报告；2014 年，中国政府明确将社会保险基金收支纳入政府的经常性预算，但具有独立性，不能被用于平衡公共财政预算。

随着中国社会保障体系的发展完善，社会保险基金规模持续扩大。2018 年全国各项基本社会保险基金总收入 7.93 万亿元（见图 9-2），总支出 6.78 万亿元，累计结余 8.98 万亿元。基金运行总体平稳，为维护参保群众的合法权益、确保经济社会良性运行和协调发展，发挥了重要作用。

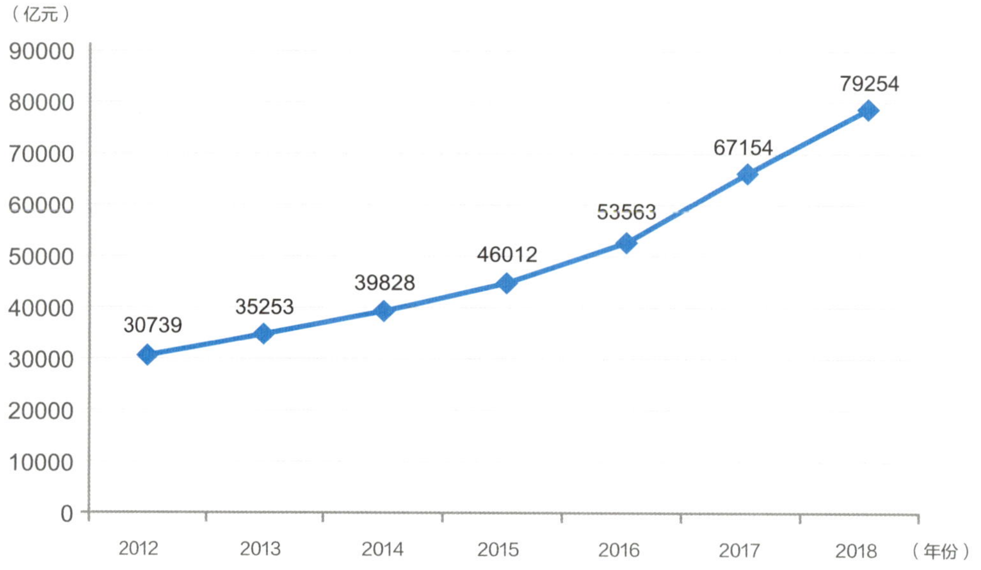

图 9-2　2012—2018 年全国各项社会保险基金合计收入情况

资料来源：人力资源社会保障部历年统计公报，国家医疗保障局 2018 年统计公报。

二、社会保险基金统筹层次和运行管理

依据法律授权，各级社保机构负责各项社会保险基金的日常收支运行和风险监控，制定地区间的基金调剂平衡和结余基金的投资运营规则。

社保机构按照社会保险基金分项预算做好日常收支管理工作，同时建立

基金运行分析制度，观察变化趋势，研判潜在风险，制定工作预案。一旦出现险情，及时启动预警，向政府提出化解风险的对策建议，确保基金平稳运行。

针对以往各项社会保险基金统筹层次偏低的状况，中国政府确定了逐步提高统筹层次的基本方向。为增强抵御风险的能力，促进地区间公平，以及为应对人口老龄化的严峻挑战，中国政府提出了职工养老保险尽快实现全国统筹的目标，并于 2018 年建立了企业职工基本养老保险基金中央调剂制度。各级社保机构按照政策规范，准确核报参保人数、平均工资、基本养老金领取人数和待遇水平等基础数据，及时上解、下拨调剂基金，有效缓解了地区间基金不平衡的结构性矛盾，为实现全国统筹迈出了坚实的一步。

2015 年 8 月，国务院颁布《基本养老保险基金投资管理办法》，开辟了社会保险筹资的新渠道，提高了基金保值增值能力。各级社保机构在确保当期支付的基础上，依规将各地结余的基本养老保险基金归集到省，统一委托国务院指定的机构开展市场化投资运营。

三、社会保险基金风险防控

为确保巨额社会保险基金的安全完整，社保机构建立并逐步健全内控制度和稽核制度。

2007 年开始施行的《社会保险经办机构内部控制暂行办法》，要求各级各类社保机构规范经办业务，完善财务管理，优化操作流程，建立岗位之间、业务环节之间相互监督、相互制衡的机制。社保机构内部控制机制主要包括四个方面。一是科学设置组织机构。社保机构内部的部门、岗位设置要有利于分清职责、相互制衡，防止个人或某一岗位单独擅自决策。二是严格人事管理。基金财务、资格审核、数据管理等重要岗位的负责人和管理人员要定期轮岗，降低因少数人长期固化特定岗位而产生以权谋私的风险。三是明确授权制度。每个岗位都只有有限权力，实行纵向监督与横向制约相结合，重大问题须经集体讨论决策并有书面记录，任何越权行为都必须及时纠正。四是定期考核制度。检查各岗位履职情况，进行风险评估，建立过错追究制度。内控的方式包括：利用信息系统的主动校核和阻止功能，减少越权违规操作；对重要事项实行复核复审；公开经办程序，接受社会监督；进行定期和不定期随机检查。社保机构内控制度与廉政建设紧密结合，不断提高政府机构的公信力。

社会保险稽核是社保机构依法对参保者（包括用人单位和个人）有关情况进行核验、查证的一项活动。稽核内容有征缴稽核，即对用人单位的参保职工人数、工资总额、缴费基数、单位缴费及为职工代扣代缴社会保险费的情况进行稽核；也有享受待遇稽核，即对享受社会保险待遇的人员领取资格和领取标准进行稽核。稽核形式有日常稽核、专项稽核、举报稽核等，通常采取书面稽核方式，对重大事项或举报案件可以进行实地稽核。近年来，利用网络技术、通过与有关部门进行信息比对的数据稽核成为越来越普遍的方式。例如对基本养老金领取者，过去每年定时进行一次生存认证，2018 年全面取消集中认证，改为主要运用多部门信息比对认证，既避免了基金流失，也提高了群众满意度。社保机构通过稽核，维护了社会保险基金运行安全和广大参保人的利益，稽核活动本身也是对社会保险政策的积极宣传，促进了用人单位和个人依法履行责任义务。

四、社会保险经办规程和标准

2010 年颁布的《社会保险法》，在规范各项社会保险制度的同时，也规范了社保机构的设立和运行，为社会保险经办管理服务奠定了法律基础。

针对社会保险不同险种的特点和经办管理服务的需要，2011 年以来制定了多项全国统一的社会保险经办业务规程，其中条件成熟的陆续上升为国家标准或行业标准，至今已制定颁布了 34 部国家标准和行业标准。重要的国家标准如 2011 年颁布的《社会保险服务　总则》《社会保障服务中心设施设备要求》，2014 年颁布的《劳动能力鉴定　职工工伤与职业病致残等级》，2015 年颁布的《社会保险核心业务数据质量规范》，2017 年颁布的《社会保险咨询服务规范》《社会保险登记服务规范》《社会保险基金预算编制基本业务规范》等。重要的行业标准如 2013 年颁布的《社会保险视觉识别系统》《社会保险管理信息系统指标集与代码》等。《社会保险视觉识别系统》已经在各级各类社保机构普遍应用，不仅用于服务大厅的内外装饰，而且广泛用于各类装置、设施、文函以及网站、移动通信客户端等虚拟空间，使社会保险有了全国统一的立体化社会标识。

社会保险视觉识别系统

中国社会保险
CHINA SOCIAL INSURANCE

本标准规定了社会保险视觉识别系统的术语和定义、基础元素和应用要求，适用于全国各省（自治区、直辖市）、市（自治州、地、区、盟）、县（自治县、市、区、旗）社会保险经办机构。

标识释义：标识由三个英文字母组成，即 C——CHINA（中国），S——SOCIAL（社会），I——INSURANCE（保险），呈椭圆形，具有社会保险全面覆盖、促进社会公正与和谐的象征含义。

标识的标准色为朝阳金，象征我国社会保险事业如初升太阳蒸蒸日上。中国社会保险的中英文标准字颜色为社保蓝，象征蓝天的宽广博大，代表社会保险是一项全心全意为人民服务的福利工程。

统一全国社会保险业务规程和标准，对规范社保机构基本管理服务行为起到了十分积极的作用。一些地区还在国家标准、行业标准指导下制定了地方专业标准。各级社保机构依法、依规、依标操作，有效地促进了社会保险经办管理服务质量、效率和水平的提高。在总结经验基础上，目前正在着手制定《社会保险经办管理服务条例》，进一步推动社会保险经办管理服务制度化、规范化、法制化建设。

第四节　优化社会保险经办管理服务

中国特色社会主义进入新时代，社会保障体系建设朝着更加公平、更可持续的目标推进，社会保险经办管理服务也将面临许多新任务、新使命。

一、实现法定人员社会保险全覆盖

中国政府把扩大社会保险覆盖面、提高制度可及性，作为保障和改善民生、彰显社会公平正义的重大举措。2012 年，全国养老、医疗、工伤、失业和生育五项社会保险的覆盖人数分别为 7.88 亿人、13.40 亿人、1.90 亿人、1.52 亿人和 1.54 亿人，参保规模均居世界首位，但仍有相当一部分群体游离在制度保障之外。[①] 2012 年召开的中共十八大鲜明地提出“社会保障全民覆盖”的目标，要求坚持全覆盖、保基本、多层次、可持续方针，以增强公平性、适应流动性、保证可持续性为重点，全面建成覆盖城乡居民的社会保障体系。

按照这一决策部署，人力资源社会保障部于 2014 年启动了全民参保登记

① 本章有关数据除专门注明外，均引自人力资源社会保障部统计资料。

2017 年 12 月，四川省凉山彝族自治州昭觉县社保局在乡里进行全民参保登记。

工作。2016 年国家“十三五”规划纲要提出“实施全民参保计划”，要求在 2020 年基本实现法定人员全覆盖。2017 年召开的中共十九大进一步提出“全面实施全民参保计划”。近年来，各地政府、各个部门、各级社保机构通过广泛的组织动员、数据比对、入户调查等行动，摸清了参保人员底数，建立了全民参保信息库，深入、细致、持续地开展扩大社会保险覆盖面的工作，为实现全民覆盖和社会保险精确管理打下基础。2018 年，在全国全民参保登记数据库中，各地上传的实际有效人员基础信息达 13.61 亿条，参保（分险种）信息 33 亿条。到 2018 年年底，全国养老、医疗、工伤、失业和生育五项社会保险的参保人数分别达到 9.43 亿人、13.45 亿人、2.39 亿人、1.96 亿人和 2.04 亿人，其中医疗保险保持了全民覆盖的规模，其他各项社会保险覆盖范围都比 2012 年有大幅扩展（见图 9-3）。

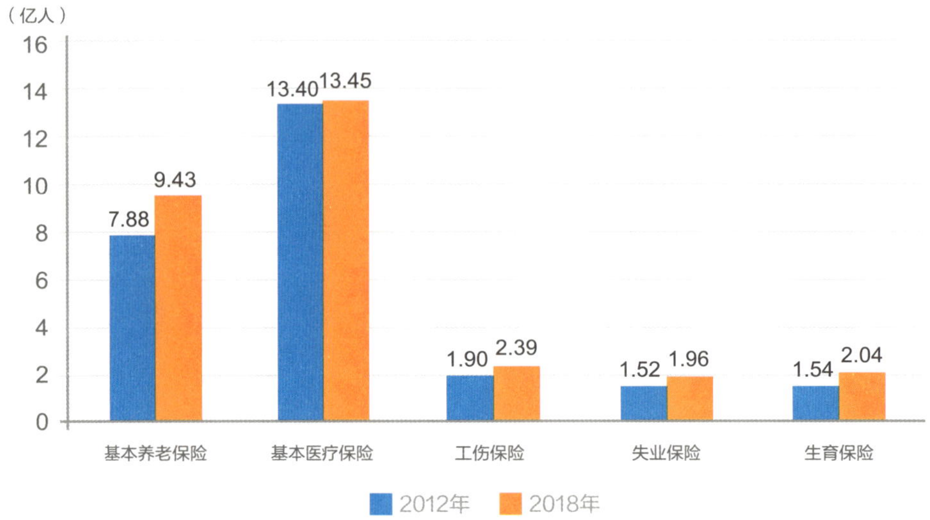

图 9-3　全国各项社会保险参保人数

资料来源：人力资源社会保障部历年统计公报，国家医疗保障局 2018 年统计公报。

中国致力于把更多人群纳入社会保障体系的举措和成效，得到国际社会的充分认可。2016 年，国际社会保障协会将“社会保障杰出成就奖”（2014—2016）授予中国政府，以表彰中国在扩大社会保险覆盖面工作中取得的卓越成就。

2016 年 11 月 17 日，国际社会保障协会主席斯杜威将“社会保障杰出成就奖”颁发给中国政府。图为时任人力资源社会保障部部长尹蔚民代表中国政府领奖。

专栏

国际社会保障协会主席斯杜威的颁奖词

当我们报告全球社会保障扩面工作所取得的进展时，可以说近年来取得的成就在很大程度上要归功于中国。以医疗保险为例，如果不算中国，全球医疗保险覆盖面只有52%，算上中国就达到61%。

在ISSA奖项评审过程中，我们也对社会保障制度的实际影响进行了评估。中国社会保障覆盖面的不断扩大为减贫事业做出了重要贡献。在过去30年里，全球所减少的极度贫困人口中，中国就占了72%。

中国伴随着经济发展不断扩大社会保障的覆盖面，为世界树立了一个重要典范。社会保障被视为对经济增长的必要补充和对发展的投资，而非一种代价。

我们认为，基于中国经济发展与社会保障覆盖面扩大互补的愿景，基于中国强有力的政治决心和机构能力资源投入所取得的前所未有的成就，以及中国对全球社会保障覆盖面与减贫工作所做出的贡献，我们坚信，中国社会保障扩面为全球决策者和社会保障管理部门提供了经验借鉴。

中国还将继续努力，朝着人人享有基本社会保障的目标不断迈出坚实步伐。

二、建立全国统一的社会保险公共服务平台

经过多年改革发展，作为社会保险经办管理服务主体的社保机构，自身规范化建设有了长足进步，但仍存在设置分散、协同不畅、手段不足、效率

不高等问题。中共十九大从全局和长远发展的角度，作出“建立全国统一的社会保险公共服务平台”的决策部署。目前，社会保障领域中这项重大基础性、战略性工程已经启动，中国政府出台了《关于建立全国统一的社会保险公共服务平台的指导意见》，明确了统一平台建设的指导思想、工作目标、整体架构、主要任务。

全国统一的社会保险公共服务平台由国家社会保险公共服务平台和地方社会保险公共服务平台组成，地方平台包括实体窗口和信息平台。

（一）国家社会保险公共服务平台

建立国家社会保险公共服务平台，作为全国统一的社会保险公共服务平台的总枢纽。国家社会保险公共服务平台统筹建设公共服务门户，与国家政务服务平台对接，实现公共服务入口、运行调度监控、数据交换共享和业务推送支撑等功能，负责跨地区、跨部门、跨层级社会保险服务数据的汇聚共享和业务协同，为各地区信息交互提供通道和支撑。逐步实现数据向国家社会保险公共服务平台集中，创新引领数据应用，支撑宏观政策决策、经办数字化转型和业务创新发展。2019 年 9 月 15 日，国家社会保险公共服务平台正

式上线，初步实现了社保权益查询、待遇资格认证、养老金测算、社保关系转移、境外免缴申请、异地就医备案结算等 18 项功能，极大提升了群众办理相关业务的便捷度。

（二）地方社会保险公共服务平台

地方社会保险公共服务平台是全国统一的社会保险公共服务平台的具体办事平台，主要依托省（区、市）、市、县以及乡镇（街道）、村（社区）基层服务平台的实体窗口和信息平台办理业务、提供服务。线下实现“一门式”“一窗式”服务；线上逐步通过省级集中统一的信息平台，提供“一网式”服务。纵向推进数据向上集中、服务向下延伸，实现“同城通办”“异地可办”；横向拓宽服务渠道，做好地方信息平台与政府政务服务平台、城乡社区综合服务平台的有效对接。

三、提升社会保险经办能力和服务水平

近年来，中国政府持续深化简政放权、放管结合、优化服务（以下简称“放管服”）改革，大力推进“互联网＋政务服务”，力除烦苛之弊，大兴便民之举，解决了一大批群众“办事难、办事慢”的矛盾，体现了以人民为中心的发展思想，促进了国家治理体系和治理能力现代化。

中国有句俗话，“打铁还需自身硬”。各级社保机构作为政府直接服务群众的窗口单位，为确保各项社会保险政策的落实，在严格执行规章制度的同时，大力加强行风建设。2014 年，全国统一开展了社会保险窗口服务单位改进作风专项行动，从服务规范、纪律要求、文明用语等方面引导社保机构及其工作人员的服务行为。2018 年，开展了全国性的“正行风、树新风，打造群众满意的人社服务”活动，各级社保机构以满足群众期盼作为出发点和落

脚点，全面改进思想作风、提升管理水平、增强职业素质。2019 年，开展了全国人力资源社会保障领域窗口单位业务技能练兵比武活动，以比促练、以练促用，以选拔出的服务能手为示范，打造诚信为民、业务精通、作风优良的社保工作队伍。

第十章
社会保障基金监督

在中国，社会保障基金被称为老百姓的“保命钱”“养命钱”。从各项社会保障制度建立的第一天起，政府就把确保基金安全完整作为重要责任，不断完善监督法规政策，健全内外结合的监督体系，丰富和提升监督手段，着力防范和化解基金运行风险。

第一节　社会保障基金监督工作的发展沿革

中华人民共和国社会保障制度走过了建立、改革、完善的 70 年路程，基金监督工作也随之经历了不同的发展阶段。

一、对劳动保险基金的监督

1951 年开始施行劳动保险制度，首次建立了具有社会统筹互济性质的劳动保险基金。《劳动保险条例》规定了劳动保险基金由企业供款形成的筹资渠道，规定了中华全国总工会为全国劳动保险最高领导机关、各级地方工会和产业工会负责具体事务的经办管理体制，同时也对劳动保险基金监督作出规定——中央人民政府劳动部为最高监督机构，各级政府劳动部门对劳动保险金缴纳及基金业务实施监督管理。这是中国社会保障基金监督工作的起点。这一时期施行的其他社会保障制度，没有专门建立监督系统。如机关和公立事业单位工作人员的退休保障、公费医疗等制度，由各级政府预算安排资金，不采取专项基金方式，因而执行相关财务制度规定的监督程序。又如农村五保供养、农村合作医疗制度，在村级（农业合作社、生产队）范围内各自施行，其资金监督管理执行农村集体经济组织的相关财务规定。1969 年，劳动保险制度被终止执行，结存基金移交国库，专门的基金监督也随之消弭，各企业自行管理劳动保险事务，按企业财务制度监督资金使用。

二、探索社会保险基金监督的新路径

改革开放后，中国陆续重建的养老、医疗、工伤、失业、生育等保障制度，都采取了建立专项基金、实行社会统筹的模式。与此相适应，在基金监督模式、体制、方法等方面进行了不懈探索，相继出台法规政策，对加强社会保险基金监督提出了要求。

1991 年，国务院决定改革企业职工养老保险制度，建立由企业和职工缴费的统筹基金，并初步明确了这项基金管理和监督的规则：单位和个人缴费要存入社保机构在银行开设的基金专户，实行专项储存、专款专用；地方各级政府要设立由劳动等部门和工会组成的养老保险基金委员会，对基金管理进行指导和监督；各级劳动部门负责管理养老保险工作，其所属社保机构负责经办基本养老保险和企业补充养老保险的具体业务，受养老保险基金委员会委托管理养老保险基金；社保机构要建立健全基金管理的各项制度，编制基金的预决算，并接受财政、审计、银行和工会的监督。

1993年，中共十四届三中全会决定提出：社会保障行政管理和社会保险基金经营要分开；建立由政府有关部门和社会公众代表参加的社会保险基金监督组织，监督基金的收支和管理；社保机构依法可用社会保险基金购买国债。这一决定把社会保险政策、经办与基金监督同步推进的原则从企业职工养老保险扩展到了所有社会保险制度。

1994年颁布的《劳动法》规定，社会保险基金监督机构依照法律规定，对社会保险基金的收支、管理和运营实施监督；社会保险基金监督机构的设立和职能由法律规定。这是第一次以法律形式确立了社会保险基金监督机构的地位。

在1998年政府机构改革中，新组建的劳动保障部设立了社会保险基金监督司，地方社会保障行政部门也陆续内设了社会保险基金监督处室，逐步建立了上下贯通的基金监督专业队伍。

三、初步建成社会保障基金监督体系

进入21世纪后，基金监督工作快速发展。《社会保险法》专章规定了社会保险基金和社会保险监督内容，明确了有关监督机构、措施和程序；有关部门也制定了多部行政规章，基金监督工作逐步纳入法制化轨道。基金监督的范围从城镇五项基本社会保险基金扩大到企业年金、职业年金等补充保险，继而扩大到城乡居民基本养老、基本医疗保险基金，还扩大到作为战略储备的全国社会保障基金。2010年后建立了社会保险基金预算管理制度，使基金监督有了更明确的制度遵循。监督的范围从社会保险基金日常运行扩大到投资领域，监督的方法和手段也逐渐丰富。总体上看，中国社会保障基金监督的组织、制度、政策体系已初步形成。

第二节　社会保障基金监督体系

依据社会保险法律法规和政策规定，中国社会保障基金监督体系包括监督范围、监督主体、监督对象、监督方式和监督处理措施。

一、社会保障基金监督范围

总的原则是：凡建立和运行社会保障基金，都须施以监督。现行社会保障基金监督的范围包括基本社会保险基金、补充社会保险基金和全国社会保障基金三大类。

（一）基本社会保险基金

中国的基本社会保险基金是依据《社会保险法》，由政府组织建立，为保障相关群体基本生活而筹集运行的资金。具体分为五类七项：基本养老保险基金（包括职工基本养老保险基金和城乡居民基本养老保险基金两项）、基本医疗保险基金（包括职工基本医疗保险基金和城乡居民基本医疗保险基金两项）、工伤保险基金、失业保险基金和生育保险基金。除职工基本医疗保险基金与生育保险基金合并建账但分别核算外，其他各项基金均分别建账管理。2018 年各项基本社会保险基金合计收入 7.93 万亿元，支出 6.78 万亿元，结存 8.98 万亿元[①]，是中国社会保险制度运行的基本财务资源，也是基金监督最重要的领域。

（二）补充社会保险基金

中国的补充社会保险是在法定基本社会保险基础之上，政府鼓励和

① 根据人力资源社会保障部及国家医疗保障局 2018 年统计公报计算得出。

引导社会有关方面建立的、用以满足相关群体更多需求的保障计划。目前补充社会保险基金主要有两类五种：第一类，补充性养老保险基金，包括企业年金基金和适用于机关事业单位工作人员的职业年金基金两种，目前合计积累近 2 万亿元；第二类，补充性医疗保险基金，包括公务员医疗补助、企业职工补充医疗保险（大额医疗费补助）和城乡居民大病保险基金三种。

（三）全国社会保障基金

全国社会保障基金于 2000 年建立，由中央财政预算拨款、国有资本划转、基金投资收益和经国务院批准的其他方式筹集的资金构成，由专门设立的全国社会保障基金理事会负责管理运营，是国家应对人口老龄化的重要战略储备资金。至 2017 年年底，基金权益总额为 1.83 万亿元。

二、社会保障基金监督主体

中国社会保障基金监督主体是社会保险法规定的有权实施监督的机构，包括各级人民代表大会常务委员会、各级政府相关行政部门以及依法设立的社会组织。各级立法机关和行政部门既负责本级的社会保障基金监督，又有权监督下级地区和部门，并对下级机关开展基金监督承担指导职责。多方代表组成的社会组织构成更广泛的社会监督力量，但其监督只限于本级。

（一）人民代表大会的监督

各级人民代表大会常务委员会有权听取和审议本级政府对社会保障基金收支、管理、投资运营和监督检查情况的专项工作报告，组织对社会保险法实施情况的执法检查等，依法行使监督职权。目前，全国人大常委会每年听取国务院关于社会保障制度和基金运行的情况报告，社会保险基金预算也作为政府预算报告内容列入每年全国人大全体会议的审议程序。

（二）政府部门的行政监督

政府部门中有权对社保基金实施监督的部门包括社会保险行政部门、财政部门、审计机关等。

县级以上社会保险行政部门实施社会保险基金监督的法定职权包括：对基金收支、管理和投资运营情况进行监督检查，对发现的问题提出整改建议，依法作出处理决定或向有关行政部门提出处理建议，并向社会公布检查结果。社会保险行政部门对社会保险基金实施监督检查时，有权采取的措施包括：查阅、记录、复制与社会保险基金收支、管理和投资运营相关的资料，对可能被转移、隐匿或者灭失的资料予以封存；询问与调查事项有关的单位和个人，要求其对与调查事项有关的问题作出说明、提供有关证明材料；对隐匿、转移、侵占、挪用社会保险基金的行为予以制止并责令改正等。

社会保障基金预算是政府复式预算的重要组成部分，各级政府对社会保障基金也有投入，因此财政部门按照其职责对社会保障基金实施监督。目前，从中央到地方的各级财政部门都内设了社会保障司（处、科），监督的主要方式是定期或不定期、专项或综合性的财务检查。

审计机关有权依法对社会保障基金的收支、管理和投资运营情况进行审计。在 1998 年政府机构改革中，审计署专门设置了社会保障审计司，负责对社会保障基金进行专项审计和审计调查。

（三）社会组织的监督

各级政府依据社会保险法成立由用人单位代表、参保人员代表以及工会代表、专家组成的社会保险监督委员会，了解、分析社会保险基金的收支、管理和投资运营情况，对社会保险工作提出咨询意见和建议，实施社会监督。社会保险经办机构应当定期向该委员会汇报社会保险基金的收支、管理和投资运营情况，该委员会可以聘请会计师事务所对社会保险基金进行年度审计和专项审计，并向社会公开审计结果；发现存在问题的，有权提出改正建议；对社会保险经办机构及其工作人员的违法行为，有权向有关部门提出依法处理的建议。

各级立法机构监督、政府行政部门监督和社会组织监督相结合，构成了中国社会保障基金监督体制“三位一体”的立体框架。

三、社会保障基金监督对象

社会保障基金监督对象是与社会保障基金发生关联的单位和个人，共五类16种，包括用人单位、个人、服务机构、公共机构和市场运营管理机构（见表10-1）。凡是涉及社会保障基金的单位和个人都要受到监督，监督者本身也要接受监督。

表10-1　社会保障基金监督对象分类

类	种	特征描述
用人单位	1. 缴费单位	作为参保缴费者的用人单位
	2. 受益单位	作为基金受益者的用人单位
个人	1. 单位就业人员	在用人单位的组织下参保
	2. 灵活就业人员	以个人身份参保
	3. 农村居民和城镇非就业居民	自愿参加城乡居民基本养老和基本医疗保险

续表

类	种	特征描述
服务机构	1. 银行	开设社保基金账户，履行代发社保待遇职能
	2. 医疗机构	医疗、工伤、生育保险基金支付资金的定点医疗机构
	3. 零售药店	医疗保险基金支付资金的定点零售药店
	4. 伤残辅助器具配置机构	医疗、工伤保险基金支付资金的伤残辅助器具配置机构
公共机构	1. 社保机构	负责经办管理各项社会保险基金的机构
	2. 财政部门	在银行开设社会保障基金专户的各级财政部门
	3. 全国社会保障基金理事会	管理战略储备基金和受托管理基本养老保险基金投资的机构
市场运营管理机构	1. 受托人	承担企业年金基金、职业年金基金受托职责的金融机构或企业年金理事会
	2. 账户管理人	承担企业年金基金账户管理职责的金融机构
	3. 投资管理人	承担基本养老保险基金和企业年金基金、职业年金基金投资管理职责的金融机构
	4. 托管人	承担基本养老保险基金和企业年金基金、职业年金基金托管职责的银行

（一）用人单位

作为参保缴费主体，用人单位必须依法为本单位符合条件的人员缴纳社会保险费，其参保范围、缴费基数、费率及缴费数额的合规性等受到监督。作为受益者，用人单位应如实申报与社会保险基金支付相关的事项，如依法办理职工退休，申请工伤、失业、生育保险待遇等并接受监督。

（二）个人

单位就业人员在用人单位的组织下依法参加各项社会保险，如实申报缴费基数，按时足额缴费；灵活就业人员以个人身份参加社会保险并按规定基数和费率缴费；农村居民和城镇非从业居民自愿参加城乡居民基本养老和基本医疗保险，按个人选择的档次缴费。各项社会保险参保人缴费的合规性受到监督。各项社会保险受益人享受待遇的资格、期限、标准等也受到监督。对个人实施监督，重点是防止发生虚报冒领、少缴多取等损害公众利益的行为。

（三）服务机构

与社会保险基金存在关联的服务机构包括：开设社会保障基金专门账户的银行和承担养老金、失业保险金等待遇代发职责的银行；接受医疗、工伤、生育保险基金拨款的定点医疗机构和零售药店，其服务项目、品类、数量和质量须符合政策标准和签订的服务协议，并受到监督；在医疗、工伤保险基金中有资金列支的伤残辅助器具配置机构，监督重点是符合相关政策规定的范围和标准。

（四）公共机构

涉及社会保障基金的公共机构包括：社会保险经办机构——负责社会保险基金的日常运行管理，开设基金收入和支出账户，必须受到立法机关、行政机关和社会各方面的严格监督，重点是防止基金被挤占挪用；财政部门——其在银行开设的社会保障基金专户也要受到立法机关、社会保险行政部门和社会的监督；全国社会保障基金理事会——负责管理社会保障战略储备基金投资和受托管理市场化投资的基本养老保险基金，国务院指定财政部、人力资源社会保障部对其实施监督。

（五）市场运营管理机构

主要是与社会保障基金投资相关的各类金融机构，包括受托机构、账户管理机构、投资管理机构和托管机构。其中，投资管理机构包括基金、证券、保险等机构，其承担的各项社会保障基金投资范围、品种、比例等受到严格监督；托管机构依据法律法规和受托人指令管理各项社会保障基金，其行为的合规性要受到监督。

四、社会保障基金监督方式

社会保障基金监督常用方式有六种。

（一）报告制度

报告制度是运用最普遍的基金监督方式。基金监督部门通过报告，掌握基金运行状态，了解下级监督部门工作情况，审视基金管理投资的合规性，及时发现风险并采取对应措施。下级监督部门要向上级报告，具体形式有基金运行和监督工作的年度报告、开展专项检查或执行上级交办事项办理情况的专题报告，以及要情报告［即发现基金被挤占挪用、欺诈冒领的案件，要作为要情（金额在 50 万元及以上的作为重大要情）向上级监督部门报告］。上级监督部门发现下级部门存在基金管理漏洞甚至流失风险，采取约谈、挂牌督办、通报批评、重大案件警示等方法进行指导和督促。市场投资机构要向基金监督部门报告，具体形式有基金投资管理情况的定期报告、出现重大变化时的临时报告、合同终止时的终止报告，以及规定情形下的审计报告等。

（二）现场检查

由监督机构组成检查组，按照预先拟订的实施方案，到监督对象单位进行实地检查，询问并查阅相关文件、资料，检查后出具现场监督报告。近年来，国务院有关部门每年组织全国性的社会保险基金现场检查，包括全面检查和针对专门领域、特定机构、特定问题的专项检查，地方政府也普遍组织开展定期自查和交叉检查。

（三）非现场检查

随着信息化的发展，在实行传统的报告制度和现场检查的同时，非现场的电子化、网络化、智能化监管手段被更多地运用到了基金监督领域，开发出全国统一的社会保险基金监管专用软件，把政策法规、经办规程、监督规制融入统一数据库，并包括多项信息交叉比对和异常数据自动提示预警功能。目前，全国 90% 的省、市和有条件的区县已经联网应用，许多地区据此开展基金监控分析，发现并查处了一批基金违规违纪问题，起到了提高监管效率、防患于未然和探索基金风险规律的作用。

（四）市场准入

对承担社会保障基金投资管理职责的市场机构实行市场准入制度，通过授予或取消市场主体资格来控制和防范基金运行风险。有关部门具体规定了各类市场机构的准入和退出条件。目前，基本养老保险基金有 4 家托管机构、21 家投资管理机构；企业年金基金有 13 家法人受托机构、18 家账户管理机构、10 家托管机构、22 家投资管理机构；全国社会保障基金有 4 家托管机构、18 家投资管理机构；职业年金基金的受托、投资管理和托管机构正在遴选过程中。

（五）信息披露

社会保险行政部门及其经办机构定期向社会公布社会保险基金、补充社会保险基金的收入、支出、结余和收益情况，全国社会保障基金理事会按规定公布国家战略储备基金运营情况，基金监督部门定期公布监督检查及处理结果，接受社会监督。市场投资管理机构按规定定期或不定期披露受托、投资管理、托管有关基金的信息，接受社会监督，政府部门对市场机构执行信息披露制度的情况进行监督。

（六）举报投诉

任何组织或者个人有权对违反社会保险法律、法规的行为进行举报和投诉。基金监督部门有责任对举报投诉及时受理、认真核实、依法处理、积极反馈。各级社会保险基金监督部门开通基金监督举报专线电话，并向社会公布电话号码，为举报人提供便利。

中国的社会保障基金监督已经形成了现场监督与网上监督相结合，日常监督与重点督查相结合，行政主管部门监督与财政、审计监督相结合的常规工作方式；同时通过开通举报渠道、聘请社会监督员、社会保险待遇公示通告等方式，广泛动员社会力量进行监督，增强了基金管理运行的透明度。

五、社会保障基金监督处理措施

社会保险行政部门在实施社会保障基金监督检查中发现存在的问题，有权采取三种处理措施。

（一）提出整改建议

提出整改建议主要针对的是管理不规范、可能影响基金安全，但尚未对基金造成侵害的行为，如多头开设账户、未按险种分别核算、岗位职责不清、管理混乱等。整改建议以书面形式出具，载明违规事实，明确整改要求及时限。被检查单位应在规定期限内逐项整改并反馈情况。

（二）依法作出行政处理

依法作出行政处理主要针对的是性质较严重，已经对社会保险基金造成侵害的问题。《社会保险法》《刑法》等对各类违法行为及处罚措施作出了规定（见表 10–2）。

表 10-2 《社会保险法》《刑法》涉及社保基金违法行为的法律责任规定

类别	行为人	违法行为	处罚	依据
基金征缴环节	用人单位	未按规定办理社会保险登记	责令限期改正；逾期不改正，处应缴社会保险费数额一倍以上三倍以下的罚款，对责任人处五百元以上三千元以下的罚款	《社会保险法》第八十四条
	用人单位	未按规定缴费和代扣代缴	限期缴纳或补足并按日加收万分之五的滞纳金，逾期仍不缴纳的处欠缴数额一倍以上三倍以下的罚款	《社会保险法》第八十六条
	社会保险费征收机构	擅自更改社会保险费缴费基数、费率	责令其追缴或退还社会保险费，依法处分相关责任人	《社会保险法》第九十条
基金支付环节	医疗机构、药品经营单位等社会保险服务机构	以欺诈、伪造证明材料或者其他手段骗取社会保险基金支出	责令退回骗取的社会保险金，处骗取金额二倍以上五倍以下的罚款；解除服务协议；依法吊销责任人执业资格。数额大的按诈骗公私财物罪处刑	《社会保险法》第八十七条 《刑法》第二百六十六条
	社保经办机构	以欺诈、伪造证明材料或者其他手段骗取社会保险基金支出	责令退回骗取的社会保险金，处骗取金额二倍以上五倍以下的罚款。数额大的按诈骗公私财物罪处刑	《社会保险法》第八十七条 《刑法》第二百六十六条
	受益人	以欺诈、伪造证明材料或者其他手段骗取社会保险待遇	责令退回骗取的社会保险金，处骗取金额二倍以上五倍以下的罚款。数额大的按诈骗公私财物罪处刑	《社会保险法》第八十八条 《刑法》第二百六十六条
基金管理监督环节	社保经办机构及其工作人员	经办管理违法违规	责令改正，赔偿损失，处分责任人	《社会保险法》第八十九条
	社保基金管理涉及的机构	隐匿、转移、侵占、挪用社会保险基金或者违规投资运营	责令追回，没收违法所得，处分责任人	《社会保险法》第九十一条
	社会保险行政部门和其他有关行政部门、社保经办机构及其工作人员	泄露用人单位和个人信息	依法处分责任人，赔偿由此造成的损失	《社会保险法》第九十二条
	国家工作人员	滥用职权，玩忽职守，徇私舞弊	依法处分	《社会保险法》第九十三条

行政处理有的只针对相关机构，有的还要处分该机构直接负责的主管人员和其他直接责任人员。

（三）提出处理建议

社会保险行政部门对超越自身行政处理职权，不能直接处理的违法违规行为，应向有权机关提出处理建议。例如对医疗机构骗取医疗保险基金的行为，如果需要吊销直接负责的主管人员或其他直接责任人员执业资格的，应由卫生行政部门作出决定。又如对涉嫌触犯刑律的，社会保险行政部门可提出移交司法部门处理的建议，《社会保险法》第九十四条“违反本法规定，构成犯罪的，依法追究刑事责任”的规定即属此类情形。2014 年，全国人民代表大会常务委员会对《刑法》第二百六十六条的含义及使用问题作出解释：以欺诈、伪造证明材料或者其他手段骗取养老、医疗、工伤、失业、生育等社会保险金或者其他社会保障待遇的，属于刑法第二百六十六条规定的诈骗公私财物的行为。《社会保险法》第八十七条、第八十八条所指行为属于此列。

对参与基本养老保险及企业年金、职业年金基金投资管理的市场机构，社会保障基金监管相关部门可以采取的处置措施有：责令改正、暂停资格、没收违法所得、扣减管理费、赔偿损失、记入机构征信记录、终止资格等，涉嫌犯罪的移交司法部门依法追究刑事责任。

第三节　对社会保险基金收支管理的监督

对各项基本社会保险基金（以下简称基金）日常运行的监督覆盖征收、支付、管理三个环节。

一、基金征收环节的监督

在基金征收环节，监督重点是查处漏缴、欠缴和滥征问题，目的是确保及时足额征收社会保险费。监督对象主要是用人单位、参保人员和社保机构。

（一）对用人单位的监督

用人单位在基金征收环节的法定义务：在规定时限内向社保机构申请办理社会保险登记，并为其职工申请办理社会保险登记；如实申报应缴纳的社会保险费，经核定后在规定期限内全额缴纳；为本单位职工代扣代缴应缴纳的各项社会保险费，并每月将扣缴明细告知职工本人；每年向本单位职工公布缴费情况，接受职工监督。

在基金征收环节，对用人单位进行监督的内容与其法定义务相对应，监督重点是少报参保人数、压低申报缴费工资基数、欠缴社会保险费等。

（二）对参保人员的监督

个人在基金征收环节的义务是进行参保登记并按规定缴纳社会保险费。其中，单位就业人员随单位登记参保，缴纳基本养老、医疗和失业保险的个人缴费部分；灵活就业人员由个人申请参保登记，按规定缴纳基本养老、医疗保险单位和个人应缴费部分以及工伤保险单位应缴费部分。

在基金征收环节，对这些法定社会保险参保人员进行监督的内容与其义务相对应，重点监督按时足额缴费情况。城乡居民自愿参加城乡居民基本养老、医疗保险，按年缴纳个人选择档次的费用；未履行缴费义务的参保人员，其权益将受到损失，在实施基金监督中应予提示。

（三）对社保机构的监督

社保机构在基金征收方面的各个工作环节，如受理参保登记、审核缴费申报、核定缴费基数和比例、记录单位和个人缴费情况并与当事人定期对账等，都纳入基金监督范围。

二、基金支付环节的监督

在基金支付环节，监督重点是查处骗取、冒领社会保险基金问题，目的是确保及时足额支付相关待遇，并防止基金跑冒滴漏。监督对象主要是受益方、经办方和服务方。

（一）对受益方的监督

对受益方的监督包括用人单位和参保人员及其亲属。

用人单位通过基金统筹分散了自身经济风险，同时也要履行相应职责，主要是真实提供相关信息，包括社会保险受益个人与本单位的劳动关系（包括事实劳动关系）、职工办理退休的证明材料、受益职工及相关人（如工亡职工近亲属）规定享受条件变化的情况等。监督重点是：将不存在劳动关系的人员混入单位职工范围，冒领社会保险待遇；违规为职工办理提前退休，早领养老金；不依法履行用人单位应支付相关社会保险待遇的义务，如工伤职工停工留薪期间的护理费等。

参保人员及其亲属是基金支付的主要受益者，其在支付环节须履行的法定义务主要是及时如实提供享受社会保险待遇的证明材料。监督重点是：退休人员亡故，其亲属继续领取基本养老金；出借自己的医疗保险资格证明（社会保障卡等），供他人享受医疗保险基金支付待遇；利用他人身份冒名顶替骗取社会保险待遇等。

（二）对经办方的监督

对社保机构及其工作人员在基金支付环节的监督重点：一是违反规定程

序和条件支付社会保险待遇，二是违规扩大支付范围或提高标准，三是未按规定履行为用人单位和个人信息保密的责任，四是虚列支出计划套取基金，五是提供虚假证明骗取或协助他人骗取基金，六是违反基金支出项目的规定，七是未及时足额向受益人支付社会保险待遇或未向规定服务机构划拨基金。对社保机构进行监督的项目、内容多于对其他对象，表明在加强社保机构内控、自律的同时，外部监督必不可少。

（三）对服务方的监督

为医疗、工伤、生育保险提供服务的定点医疗机构和零售药店，从基金中获得收入，必须履行法律法规规定的义务和定点服务协议约定的责任。监督重点是各种欺诈，包括虚列、虚报、虚增基金支付项目和金额，将冒名就医的费用纳入基金结算等，也包括协助他人不当获取社会保险待遇，如开具虚假诊断证明、病史材料、结算单据、发票、鉴定结论等。

三、基金管理环节的监督

在基金管理环节，监督重点是查处挤占挪用、违规动用社会保险基金问题，确保基金依法依规管理，安全完整。监督对象主要是社保机构和各级财政部门。

（一）对社保机构的监督

一是内控制度制定和执行情况，重点是与基金管理相关的重大事项决策程序、重要岗位设置的交叉制衡机制、重大要情报告和处置措施等。二是基金收入户和支出户管理使用情况，特别是依规开户、基金收入及时入户、基金支出用途合规、有无截留挤占行为等。三是相关财务管理情况，如基金预决算编制，按险种分别建账核算，按规定记录参保人个人账户本息，依规定期对账和清理暂收、暂付款等。

（二）对各级财政部门的监督

对各级财政部门的监督集中于其在银行开设的“社会保障基金财政专户”，包括：依规在具有资格的银行开户，不能多头开户；及时接收社保机构收入户转入基金，按计划向社保机构支出户划拨基金；有无违规动用社保基金情形，特别是是否用于平衡其他预算资金和其他支出；是否按国家规定保值增值等。

在社会保险经办管理服务采取大幅度简政便民措施后，确保基金安全面临新的课题。为此，创新监管理念和方式，实行以信用监管为基础，以“双随机、一公开”（随机抽取检查对象，随机选派执法检查人员，抽查结果和处理情况及时向社会公开）监管为基本手段，以重点监管为补充的新型监管机制。2018 年，人力资源社会保障部、国家发展改革委等 28 个部门共同签署社会保险领域失信联合惩戒合作备忘录，规定对拒不缴纳社会保险费、未如实申报缴费基数、骗取社会保险待遇等 9 种情形给予 32 项联合惩戒；并拟对严重失信人采取名单管理办法，探索建立“事前承诺—信用管理—联合惩戒”体制，利用信用管理手段完善风险防控机制，推动人人重承诺、讲诚信，培育信用意识和社会保险意识，完善社会保障和社会信用体系。

第四节　对社会保障基金投资的监管

在中国，各项基本社会保险基金存入银行、购买国债的行为，被纳入基金收支管理的监督范围；而对进行市场化投资运营的基本养老保险基金、企业年金和职业年金基金、全国社会保障基金，则纳入基金投资的监管范围，制定一系列规则，实行严格的限量监管模式。

一、对基本养老保险基金投资的监管

2015 年 8 月，国务院颁布《基本养老保险基金投资管理办法》，突破了基本养老保险结存基金只能存银行、买国债的局限，允许进行市场化投资运营。基本养老保险基金实行中央集中运营，省级政府作为委托人，将各地可投资的基本养老保险基金归集到省级社会保障基金财政专户，统一委托给国务院授权的机构（目前为全国社会保障基金理事会，以下简称社保基金会）进行投资运营，再由社保基金会分别与托管机构和投资管理机构签订相关合同。

基本养老保险基金投资的监督规则。一是受托机构向委托人和国务院有关部门每年提交基金资产年度审计报告，每季度提交基金财务会计报告及投资资产、收益等情况报告，每年向社会公布养老基金资产、收益等财务状况。二是托管机构和投资管理机构分别向受托机构提交养老基金托管和投资运营的月度、季度、年度报告，并向国务院有关部门提交季度、年度报告。三是所有报告须保证内容没有虚假记载、误导性陈述或者重大遗漏，保障其真实性、完整性。人力资源社会保障部、财政部依法对市场机构及相关主体开展养老基金投资管理业务的情况实施监管，加强投资风险防范。四是中国人民银行和银行、保险、证券等监管部门按照各自职责对托管机构、投资管理机构的经营活动进行监督。

人力资源社会保障部、财政部制定基本养老保险基金投资政策、委托规程等，所采取的确保基金安全的措施有四个方面。一是建立完善治理结构。以合同方式约定委托人、受托机构、托管机构、投资管理机构各方权利义务。

二是中央政府承诺保底收益。以同期限记账式国债发行利率算术平均数为基准，按照整个委托期进行保底。社保基金会作为国务院指定的受托机构，用全国社会保障基金保证保底收益。各省（区、市）可选择承诺保底收益或不承诺保底收益的合同。三是采取限量监管方法管控投资风险，对特定种类投资规模进行严格的比例、结构管控。如投资股票、股票基金、混合基金、股票型养老金产品的比例，合计不得高于养老基金资产净值的30%；投资国家重大项目和重点企业股权的比例，合计不得高于20%；养老基金资产参与股指期货、国债期货交易，只能以套期保值为目的等。四是建立风险准备金制度，应对投资损失。

省级政府作为委托人，承担的主要职责是：制定基金归集办法，将投资运作的基金归集到省级社会保障基金财政专户；与受托机构签订基金委托投资合同；向受托机构划拨委托投资基金，向其下达划回委托投资资金的指令，接受划回的投资资金；根据受托机构提交的基金收益率，进行基金的记账、结算和收益分配；定期汇总基金投资管理情况，并以适当方式向社会公布。

至2018年年底，已有17个省级地区与社保基金会签订合同，委托期限5年，合同金额8 580亿元，已到账6 050亿元。2017年和2018年，基本养老保险基金投资收益率近8%，为基金保值增值开辟了一条新路。

二、对企业年金和职业年金基金投资的监管

企业年金和职业年金属于补充性养老保险，对其基金投资分别制定了管理制度和监督措施。

（一）对企业年金基金投资的监管

20世纪90年代初建立企业补充养老保险时，主要由地方社保机构管理

基金。2004 年后改称企业年金，并转为市场化投资运营。2018 年由人力资源社会保障部和财政部颁布的《企业年金办法》施行。至 2018 年年底，全国有 8.7 万户企业建立了企业年金，参加职工 2 388 万人，积累基金 1.48 万亿元。

中国的企业年金基金投资采取以信托关系为核心、以委托代理关系为补充的治理结构，即建立了企业年金的企业，通过职工代表大会确定，选择具有资格的法人受托机构或者成立本企业年金理事会作为企业年金基金受托人，再由受托人委托具有资格的专业机构分别作为企业年金基金账户管理人、托管人、投资管理人。

受托人负责制定企业年金基金战略资产配置策略，选择企业年金基金账户管理人、托管人和投资管理人，编制企业年金基金管理和财务会计报告，归集企业年金供款并向受益人支付待遇等。账户管理人的主要职责是：建立企业年金基金企业账户和个人账户，记录其各自供款和投资收益并提供查询服务，计算待遇，与托管人对账，向受托人和监管机构提交账户管理报告等。托管人应是具有资格的商业银行，主要职责是安全保管企业年金基金资产，以企业年金基金名义开设资金账户和证券账户，按受托人指令向投资管理人分配企业年金基金资产，按投资管理人指令办理清算交割事宜，负责企业年金基金会计核算和估值，与账户管理人、投资管理人对账，向受托人提交基金托管和财务会计报告等。投资管理人通常为基金、证券、保险公司，主要职责是对企业年金基金资产进行投资，与托管人核对企业年金基金会计核算和估值结果，建立企业年金基金投资管理风险准备金，向受托人和监管部门提交投资管理报告等。

对企业年金基金投资的监督集中于建立企业年金的合规性，受托人、账户管理人、投资管理人、托管人（以下称四类市场机构）履行职责情况，主要采取五项措施。

（1）备案制。企业年金方案、企业与受托人签订受托管理合同、受托人分别与其他市场机构签订的委托投资和托管合同，均应报社会保险行政部门备案。监督重点是年金方案及各项合同内容和程序的合规性。

（2）准入制。对四类市场机构实行市场准入制，准入标准包括最低注册资本、具备完善的治理结构、拥有专业团队、建立有效的风险控制机制等。人力资源社会保障部直接组织全国范围内的四类市场机构遴选，通过专家评审达到规定标准的，认定其企业年金基金管理的相应资格。四类市场机构违反合同规定，或委托人认为有必要更换，或监管部门认为更换机构更符合受益人利益的，该机构须退出。

（3）管理人独立。一项企业年金计划只能有一个受托人、一个账户管理人、一个托管人，而投资管理人则可以根据企业年金基金规模大小选择一个或多个。在同一企业年金计划中，受托人与托管人、托管人与投资管理人不能是同一机构，但受托人具有相应资格的可以兼任账户管理人或者投资管理人。各类管理人相对独立，有利于形成相互监督制衡的机制。

（4）企业年金基金资产独立。企业年金基金供款归集到受托财产托管账户，其收益归入企业年金基金资产。企业年金基金资产独立于其他法人和自然人的固有资产及其管理的其他资产，不得抵销其他资产的债务，不属于其他资产破产时的清算资产，以维护企业年金基金资产的安全完整。

（5）规定各类投资比例。按照限量监管的模式，主管部门对企业年金基金的各类投资（流动性产品及货币市场基金、固定收益类产品、权益类产品特别是其中的股票投资等）占企业年金基金净资产的比例作出明确规定，投资管理人必须严格执行，受托人、托管人也要履行监督职责。

企业年金基金投资由人力资源社会保障部负主要监管职责，银行、保险、证券监管机构依据各自职责进行行业监管。地方政府人力资源社会保障部门对企业年金也负有一定的监督职责，主要是负责相关企业的企业年金方案和企业年金基金管理合同备案工作。

（二）对职业年金基金投资的监管

职业年金是在2014年改革机关事业单位养老保险制度时为其工作人员建立的补充养老保险计划。到2018年，全国有2 500多万人参加了职业年金，基金累计结存4 930亿元。

职业年金基金投资规则与企业年金大体类似，但也有所不同：一是职业年金按照全国统一筹资标准，在机关事业单位强制性全员建立，不需要单位与职工协商制定方案；二是基金投资仅限于“做实”的资金，不包括记账的权益；三是基金投资不是由各单位自行选择受托机构，而是由省级以上社保机构作为代理人来集中行使委托职责。因此，在国家层面进行统一监管的同时，地方政府及其社会保险行政部门对职业年金也负有一定的监管职责，包括监督各级社保机构按政策归集各单位职业年金供款的情况，监督省级社保机构作为代理人与受托人签订职业年金计划受托管理合同的合规性，监督受托人与托管人、投资管理人分别签订涉及本地区职业年金基金委托管理合同的合规性，监督本地区职业年金基金投资运营收益记入受益人个人账户的情况。

三、对全国社会保障基金投资的监管

全国社会保障基金投资由国家专门设立的社保基金会负责。2018年政府机构改革，将社保基金会由国务院管理调整为由财政部管理，作为基金投资运营机构，承担基金安全和保值增值的主体责任。

对全国社会保障基金的监督规则包括：国家建立健全全国社会保障基金监督制度，国务院指定财政部、人力资源社会保障部实施监督，社保基金会定期向两部提交基金收支、管理和投资运营情况报告及财务会计报告；同时，国务院外汇管理部门和证券监督管理、银行业监督管理机构按照各自职责对投资管理人投资、托管人保管基金情况实施监督；审计署对全国社会保障基金每年至少进行一次审计，并向社会公布审计结果，社保基金会也通过公开招标方式选聘会计师事务所，对全国社会保障基金进行审计。社保基金会通过其官方网站、在全国范围内发行的报纸等途径，每年向社会公布全国社会保障基金的收支、管理和投资运营情况，接受社会监督。

中国社会保障制度覆盖面不断延展，基金规模迅速扩张，监管的宽度和深度逐步加大。面对新形势，中国政府着力健全社会保障基金监督体系，完善监督制度，提升监管手段，严格查处违法违规行为，堵塞漏洞，防控风险，各项社会保障基金总体安全，保值增值初见成效。

第十一章
社会保险信息化建设

中国社会保险信息化伴随社会保险制度改革和事业发展应运而生，并逐步向更广领域、更深层次拓展，通过采用现代信息技术和网络安全技术，社会保险信息资源得到优化整合和开发利用。信息化建设促进和引领了社会保险经办、服务、监管水平不断提升，也有力支撑了社会保险科学决策。

第一节　中国社会保险信息化发展历程

中国社会保险信息化起步于20世纪80年代中期，最早是跟随企业职工养老保险制度改革，开发了单机版操作系统，使社会保险经办开始摆脱手工方式，迈入计算机管理时代。

20世纪90年代中期，城镇职工各项社会保险制度陆续改革，国家社会保险主管部门统一规划全国社会保险管理信息系统建设，相继发布了一批部颁标准和操作规范。1999年，劳动保障部组织研发出五险合一的社会保险管理信息系统核心平台统一软件，同时制定《社会保障卡建设总体规划》，并发行了首批社会保障卡。这一阶段，中国社会保险经办服务逐步开始使用统一软件、执行统一信息技术标准，逐步发展为多险合一的局域网、广域网系统。

2002 年，中国政府启动电子政务建设，以社会保险信息化为主要目标的金保工程是这个系列工程的项目之一，建设内容包括部—省—市联网、重点软件开发、电子政务、社会保障卡建设等。2010 年颁布的《社会保险法》规定，“全国社会保险信息系统按照国家统一规划，由县级以上人民政府按照分级负责的原则共同建设”，进一步明确了社会保险信息系统建设的体制和要求。到 2012 年金保工程一期竣工验收时，实现了全国所有省级、地市级数据中心与中央数据中心联网运行，城域网连接到 92.5% 的社保机构，覆盖全国的社会保险信息网络架构初具规模，统一软件在绝大部分统筹地区推广应用。与此同时，社会保障卡在更多地区发行，并于 2011 年进一步加载金融功能。应用领域显著扩大，使用便捷程度提高。金保工程一期的建设完成，标志着社会保险信息化进入了新阶段，推动社会保险经办管理服务初步形成全国联网的新格局。

2016 年启动金保工程二期项目，现仍在实施中，规划建设 9 大系统 28 个子系统，构建统一规范的人力资源社会保障基础信息资源库，与国家人口库、法人库等共享信息，并与民政、卫生健康等民生部门互联互通，广泛应用“互联网 +”、大数据，实现全国一体化的跨业务协同、跨地区协作、跨层级监管，进一步提升社会保险个性精准服务与基金风险防控水平。目前，信息化已经贯穿中国社会保险各业务环节，覆盖各项险种、各个地区和各类参保人群，基本形成全流程信息化管理格局，特别是在支持全民参保计划、网上缴费和支付待遇、跨地区社会保险关系转移接续、异地就医住院医疗费用直接结算、社会保险基金运行智能监管等方面，信息化发挥了至关重要的作用。

第二节　社会保障卡成为服务群众的民生卡

中华人民共和国社会保障卡由国务院社会保险主管部门（先后为劳动保障部、人力资源社会保障部）统一规划，省市级政府社会保险主管部门联合商业银行面向个人发行，于1999年12月首发，至今发行应用20年整（见图11–1）。

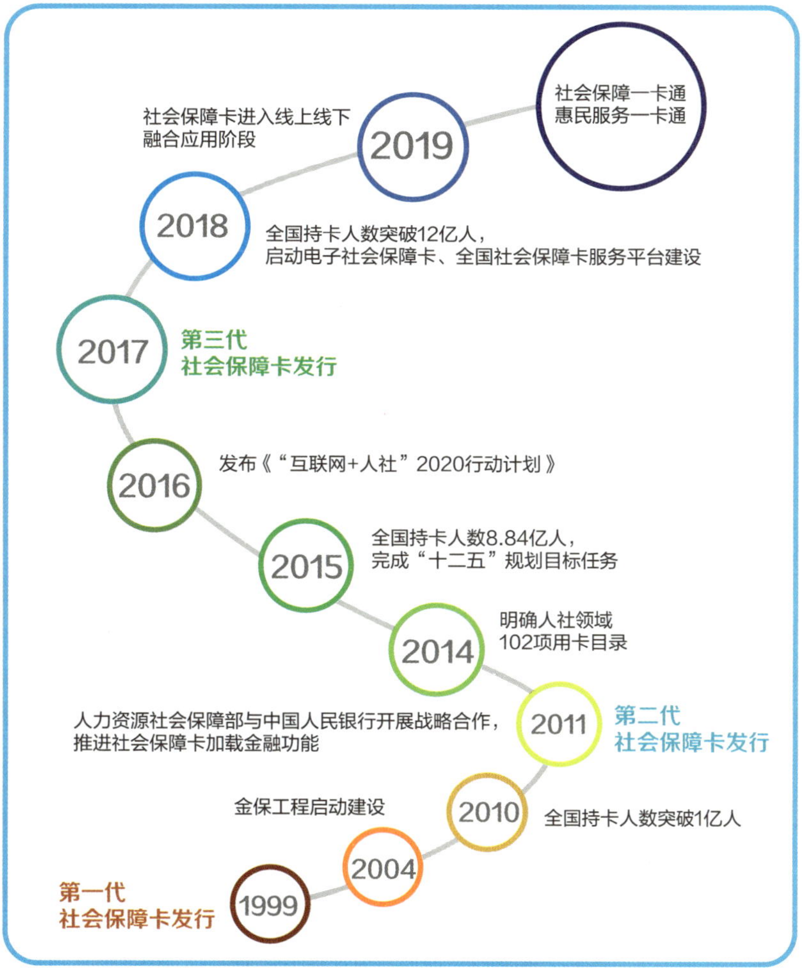

图11–1　社会保障卡发行20年大事记

一、社会保障卡的升级换代

1999 年发行的第一代社会保障卡是 CPU 卡，开启了中国社会保险持卡服务的新时代。但第一代社会保障卡信息容量小，应用范围窄，发行速度也较慢，难以适应社会保险发展的需要。

2010 年前后，城镇职工五项社会保险覆盖面进一步扩大，特别是面向城乡居民的新农合、城镇居民医保（后来两项制度合并为城乡居民医保）和新农保、城镇居民养老保险（后来两项制度合并为城乡居民养老保险）全面推开，参保人数大大超过了职工社会保险，人民群众对社会保险公共服务精准化、便捷化的需求日益强烈。2011 年，人力资源社会保障部与中国人民银行联合推出加载金融功能的社会保障卡，在一个芯片中内置社会保障管理服务功能和金融借记卡功能，形成第二代社会保障卡，发行对象也从城镇职工扩展到全体城乡居民。这是目前社会保障卡的主要形式。

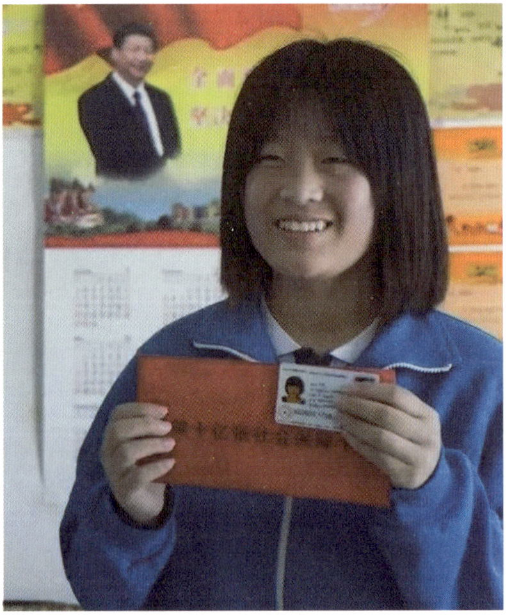

2017 年 5 月 25 日，河北省一位 16 岁女中学生领到全国第 10 亿张社会保障卡。

2017 年，针对参保群众的新需求，跟随信息技术的新发展，又开发了第三代社会保障卡，即在第二代社会保障卡基础上扩大了存储空间，增加了“一晃而过”的非接触读写功能，使应用场景更广泛，持卡人使用更便捷。2018 年，在青岛、成都等地开展了电子社会保障卡试点，进一步将社会保障卡功能加载至手机中。

最近 10 年，是社会保障卡

发行和使用的“爆发期”。2010 年全国发卡仅 1 亿张，2011 年猛增近一倍。2015 年 9 月，全国发卡总量突破 8 亿张，提前实现国家“十二五”规划纲要确定的目标。2017 年 5 月，全国发卡量突破 10 亿张，2018 年 1 月突破 11 亿张，同年 11 月突破 12 亿张。到 2019 年 10 月底，持卡人数达到 13.01 亿人，覆盖全国总人口的 93%（见图 11-2）。同时，有 38 个地市发行了 3 076 万张第三代社会保障卡，所有地区开通了电子社会保障卡并签发 5 672 万张。在同步建立的中央级持卡人员基础信息库中，所有持卡人的基本信息均入库管理。按照总体规划，社会保障卡将于 2025 年基本实现全国城乡人口全覆盖。

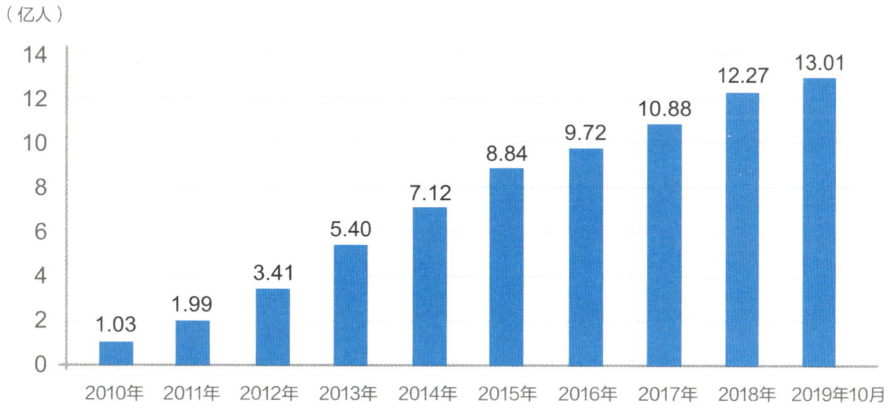

图 11-2　2010—2019 年 10 月社会保障卡持卡人数

资料来源：人力资源社会保障部统计资料。

二、社会保障卡的功能应用

社会保障卡具有身份凭证、信息记录、自助查询、就医结算、缴费和待遇领取等社会保障应用功能，以及现金存取、转账、消费等金融应用功能。社会保障卡的发行对象是在中国境内居住的中国公民以及在中国境内就业或参加社会保险的外国人。

《社会保险法》规定：“国家建立全国统一的个人社会保障号码。”每个社会保险参保人都拥有全国唯一、终身不变的社会保障号码。中国公民使用18位的公民身份号码作为社会保障号码，在华就业或参保的外国人按照人力资源社会保障部制定的统一规则另行编码，并获得社会保障卡。赋码后的社会保障卡是参保人享受社会保障权益的有效凭证，持卡人借此可获得全生命周期的社会保障服务，即从婴儿一出生、参保赋号后就享受相关权益，一直到生命终结销卡，实现“记录一生、保障一生、服务一生”。

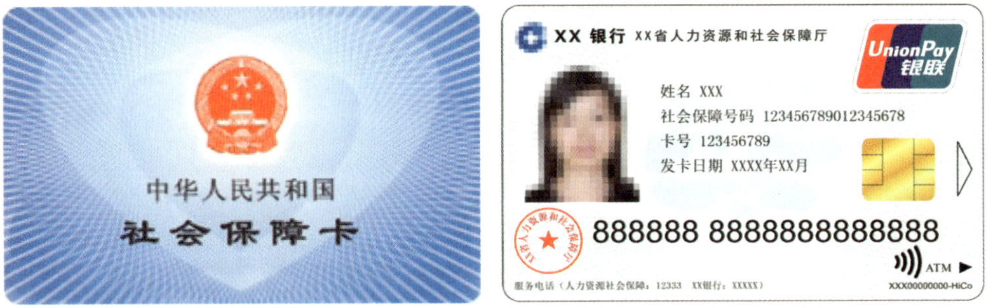

中华人民共和国社会保障卡卡样（第三代）。

社会保障卡最初主要应用于单项社会保险领域，如医疗保险持卡就医结算、退休人员持卡领取基本养老金、城乡居民持卡缴费等。2009年，中国政府提出“社会保障一卡通”的发展目标。据此，人力资源社会保障部于2014年制定了社会保障卡在人力资源和社会保障领域的102项应用目录，要求凡是涉及个人就业、社会保险、人才服务、劳动关系等业务均可持卡直接办理。至2018年年底，全国绝大部分地市已普遍开通社会保障卡102项应用。

在身份凭证应用方面，社会保障卡替代了就业创业证、养老保险手册、医保手册等纸质证件，群众持卡即可快速识别身份，无须再重复填写相关的基础信息表单，无须出具其他身份凭证或证明材料，并可在自助一体机等设施上实现自助查询、自助打印参保信息对账单。

在就医一卡通方面，社会保障卡广泛支持参保人医疗费用持卡即时结算。

其中，医疗保险统筹基金应支付的部分，由社保机构与提供服务的医疗机构直接结算；应由个人支付的部分，可以从社会保障卡记载的职工医疗保险个人账户结存资金中支付，或从社会保障卡对应的个人储蓄账户中支付。到2018年年底，全国98%的地市实现了基本医保费用持卡结算，57%的地市实现了工伤和生育医疗费用持卡结算。部分地市实现了持卡挂号、就诊、结算、查询打印等就医全流程应用，实现了基本医保与大病保险、医疗救助持卡衔接结算，切实解决了群众看病排队长等难点问题。

在缴费和领取待遇方面，第二代社会保障卡加载了金融功能，参保个人缴费和享受待遇都可以从卡上直接转账。到2018年年底，全国79%的地市实现了持卡领取养老金，78%的地市实现了个人持卡自主缴费，63%的地市还实现了持卡领取失业保险金和工伤、生育津贴等其他社会保险待遇。

2018年，中国政府进一步提出“建立以社会保障卡为载体的‘一卡通’服务管理模式”。越来越多的地方政府在推进智慧城市建设中，将政府对个人发放惠民惠农补贴资金、社会救助、居民健康服务、住房公积金、残疾人服务等公共服务事项搭载在社会保障卡上，凭卡进公园、博物馆、图书馆，刷卡乘公交车等，实现了更多领域的城市公共服务一卡通、民生保障一卡通，缩短了资金发放周期，也减少了现金发放隐患。

最新推出的电子社会保障卡以智能手机为载体，以移动通信服务为媒介，是社会保障卡线上应用形态。电子社会保障卡实行全国统一标准、统一签发、统一管理、统一验证，与实体社会保障卡一一对应、唯一映射、状态相同、功能相通。电子社会保障卡的应用使持卡人享受社会保障等民生服务有了更便捷的身份凭证和结算工具。自此，社会保障卡应用形成了以线下为基础、线上线下相互补充的多元化服务生态圈，持卡群众可以根据自己的需求，结合业务场景，选择使用实体社会保障卡或电子社会保障卡，享受同样的公共服务，实现了“线上线下一卡通”。

第三节　全国联网的社会保险信息化服务

中国社会保险信息化建设的目标，就微观、个体而言是“一卡通”，而在宏观、系统层面则是“一网联”。近10年，中国在社会保险全国联网管理服务方面迈出了重要步伐。

一、社会保险信息化基础设施建设

在金保工程一期建设阶段，适应当时社会保险基金以地市级统筹为主的业务特点，社会保险信息系统建设的思路是中央、省、市三级布局，数据库及其管理以地市集中为主。2013年，针对参保人员流动性增强、群众对社会保险服务便捷性需求增长，以及社会保险基金统筹层次逐步提高的情况，调整建设思路，确定了社会保险管理信息系统向省级集中的发展目标，即基础数据归集到省，实现对省内全部人员信息和业务信息的集中统一管理，并在此基础上实现信息系统的省级集中部署，对全省参保人员的社会保险服务提供实时支持。经过5年发展，有25个省份已经建设了省级集中的城镇职工多险合一的社会保险业务系统，其中11个省份实现了所有险种、所有地市全部省级集中，其他省份实现了部分险种、部分地市省级集中，逐步向全部省级集中过渡；而后期新建的专项业务信息系统，如城乡居民养老保险、机关事业单位养老保险等，在起步时就按照省级集中的模式建设。相比地市级集中，省级集中建设信息系统和管理数据库，更有利于信息的全面采集、规范存储和广泛应用，更有利于参保人员省内及跨省流动时享受便捷和同质化的社会保险服务，也更节约建设投资和运行维护成本。

在推进社会保险信息系统省级集中的同时，全国贯通的社会保险基础设施建设也全面展开。经过金保工程一期的10年建设和正在实施的二期工程，全国部、省（区、市）、市三级人力资源和社会保障数据中心全面建成，金保工程业务专网已实现部、省（区、市）、市、县（区）、乡镇（街道）五级联网，并广泛连接了协议管理的定点医疗机构和零售药店，延伸至社区和部分行政村。同步建设的人力资源和社会保障电子认证系统等安全基础设施，切实保护了社会保险服务对象的私密信息，维护了网络秩序和国家网络信息安全。

二、社会保险全国联网运行的功效

全国联网的社会保险业务信息化平台，在提升政府公共服务和社会管理水平、便利群众生活和办理公共事项方面，正发挥出越来越明显的功效。

（一）支持和推动社会保险经办数字化转型

中国政府大力实施网络强国战略、国家大数据战略、“互联网 +”行动计划，建立网络综合治理体系。在公共服务领域，互联网、大数据、云计算、人工智能等新技术、新模式快速普及和应用，社会保险经办也出现了数字化转型的趋势。

一是推行“综合柜员制”。过去社保机构按照险种和项目分别设置服务柜台，用人单位和参保人办事要跑多个窗口，排队时间长，程序繁杂。在信息化的支持下，这种服务模式正在向综合柜员制、首问负责制转化，所有经办事项都由一个窗口接收，接办工作人员全程负责，需要多个业务部门办理的事项在后台分办和衔接，大大提高了工作效率，方便了服务对象。

二是推进网上经办。过去几乎所有的社会保险经办事项，即使是简单的基础信息确认，都要到社保机构经办大厅办理，群众耗时费力。在信息化的支持下，网上经办正在成为主流的服务模式，大多数事项都可以通过网络、自助服务机、手机 App 办理，降低了公共服务和社会成本。

三是探索社会保险智慧服务。利用大数据技术，主动感知与动态分析服务对象的诉求，发展个性化的主动推送式服务。如信息系统获知参保人员中断缴费的状态后主动提醒个人缴费，在参保人员临近退休前主动提示申领养老保险待遇并通知相关部门预备支付基金等。

四是支持宏观决策。通过大数据动态分析，实时监测相关政策在不同时段对不同群体的实施效果，综合预测未来趋势，为地区乃至全国完善政策提供有效数据支持。

（二）畅通跨地域社会保险服务网络

信息化在支持社会保险事务同城通办的基础上，全国联网的设施和机制更是在跨地域的异地联办方面显示出了高效便捷性。社会保险异地服务的最初形式是通过全国性商业银行网络，对异地居住的退休人员支付养老金，并全面取消了同行的异地支取手续费。针对跨地区流动人员的养老保险转移接续，2010 年建成运行的国家社会保险关系转移系统，疏通了与各地社保机构之间的电子化办理渠道，参保人在新参保地一次申请转入，其相关信息即经国家信息系统在两地社保机构间流转，同时完成规定的资金转账，参保人无须在两地间奔波，业务办理进度随时可查。到 2018 年年底，通过国家信息系统累计办理跨地区社会保险各项转移接续超过 600 万人次。针对基本医疗保险参保人跨省异地就医住院费用的持卡结算，2016 年年底建成运行的国家异地就医结算系统，对有需求的参保人可以在网上办理异地就医备案、选择定点医疗机构和持卡就医结算，无须个人垫资并回参保地报销；各地社保机构通过国家信息系统进行备案人员资格校核、费用结算、运行监控、参保地与就医地之间费用清算。至 2018 年年底，国家异地就医结算系统中，各地累计上传 354 万名异地就医备案人员，累计完成 140 万笔跨省就医住院费用结算业务，结算资金超过 400 亿元。2019 年，全国统一的国家社会保险公共服务平台正式上线，先行提供全国性跨地区服务事项的网上办理。通过“多地参保、集中展现”方式，提供社保缴费和待遇查询服务；为领取待遇人员提供“足不出户”的远程社会保险待遇资格认证服务；根据养老保险缴费情况估算未来个人可领取的养老金；提供社会保险关系转移进度查询服务；等等。群众可以选择国家平台提供的 PC 端、移动端等服务入口办理相关事项。下一步，全国统一的社会保险公共服务平台还将促进各地社保机构创新服务模式，优化业务流程，统一管理标准，实现社会保险公共服务事项清单化、规范化，进而实现清单内事项统一受理、各地转办、一网通办。

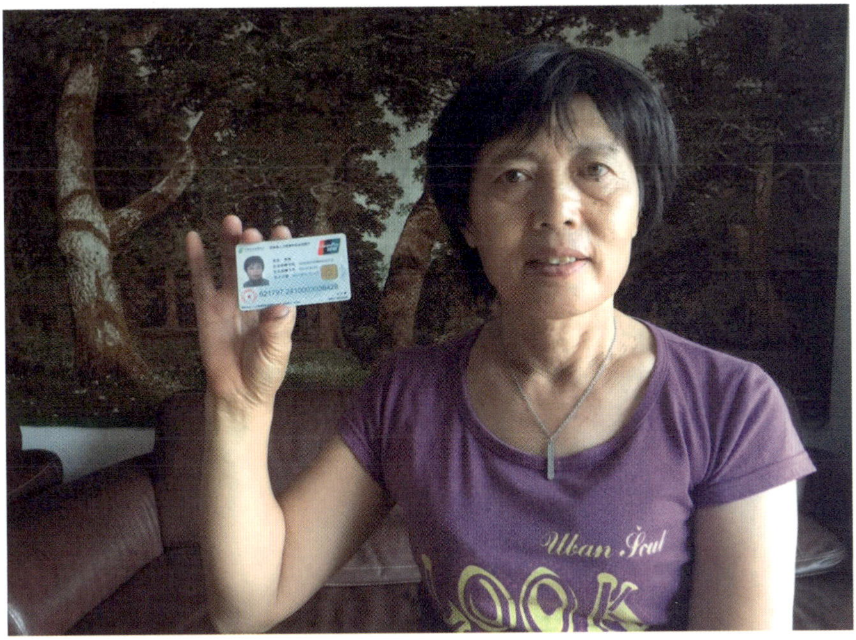

在吉林省参保的李女士，2017 年 1 月 17 日在退休后居住的海南省的一家医院持社会保障卡完成出院联网结算，成为通过国家异地就医结算系统实现跨省就医直接结算的第一人。

（三）全国联网比对核查社会保险信息

待遇资格认证是确认领取养老金权利的必要措施。统筹区域内的认证由当地社保机构执行，而跨地区的认证则比较困难，过去一般由相关地区之间点对点提出请求，互相协助完成。2011 年，建成全国联网的跨地区待遇资格认证系统，建立跨地区协作机制，同步建成全国联网的基本养老保险参保待遇状态比对查询系统，加载各地监测数据，供各地社保机构核查相关人员待遇领取状态，堵塞重复领取待遇等漏洞；同时通过跨部门信息比对，形成待遇领取人员疑似死亡等核验清单，地方社保机构发现冒领养老金疑点，也可上报全国联网查询系统请求协查，由系统发往相关地区社保机构核查验证。2014 年，建成全国社会保障卡持卡人员基础信息库，与各地就业服务、社会保险经办、社会保障卡发放使用等业务系统实时对接，在人员信息变更时可进行联网比对核查，在跨地区用卡时可提供相关认证服务，在很大程度上堵塞了虚构参保人员身份、冒用挂失社会保障卡等漏洞。2018 年，中国全面取消养老金领取人员集中进行生存认证的工作方式，通过与公安、医保、卫生健康、民政以及铁路、民航等部门进行跨部门数据共享和信息比对，使绝大多数认证工作在网上完成，确有需要时才进行当面验证。截至 2018 年年底，借助全国跨地区系统，支持养老保险参保状态比对查询服务 1 亿多人次，开展跨地区待遇资格协助认证 300 多万人次。这种“寓认证于无形”的方法创新，既维护了基金安全，又减少了参保人员的麻烦。

（四）全国统一的 12333 电话咨询服务系统

12333 电话咨询服务专线，是政府为公众提供包括社会保险在内的人力资源和社会保障业务咨询、信息查询、电话办事、政策解读和投诉举报等服务的重要窗口，2003 年起在各地陆续开通。国家“十三五”规划纲要将其列为基本公共服务事项，目前已覆盖全部地市，共有电话咨询员 4 000 余人。2018 年接听电话总量超过 1 亿次，其中人工接听量 4 770 万次，自助语音接听量 5 375 万次。12333 已经成为政府公共服务的知名品牌。

12333 提供的服务包括：一是政策解读，解答群众疑问，在重大政策出台实施的时间节点，这方面服务需求尤为旺盛，起到了帮助群众及时和正确理解政策的作用；二是业务咨询，集中于经办机构管辖、服务网点地点、办事流程、依据和自备材料等方面，满足了办事群众的切实之需；三是信息查询，参保人可以询问和查证本人各项社会保险参保缴费信息、待遇信息、养老保险和医疗保险个人账户信息、社会保障卡状态、办事进度和办理结果等信息；四是电话办事，12333 系统与业务经办系统对接，可办理基本信息登记、异地就医备案、社会保障卡挂失、在线预约服务等业务；五是投诉举报，受理有关人力资源和社会保障以及行风问题的投诉举报，并转交有关部门处理，提供与来电人相关的投诉举报案件办理情况查询服务，及时反馈处理结果。根据人民群众新的需求，目前正在构建 12333 短信、微信、网站、“掌上 12333”移动应用、智能咨询等多种服务渠道，并探索建立 12333 业务办理全国联动机制，群众拨打一个统一号码即可转接查询到与之相关的另一地区的政策和服务流程。

第四节　挖掘社会保险大数据应用价值

在金保工程一期建设期间，中国建立了社会保险全国联网监测数据上报机制，地方社会保险管理信息系统产生的部分核心数据通过网络向全国数据库归集。后来陆续建设运行的各项社会保险业务信息系统，特别是全民参保登记库、社会保障卡持卡人员基础信息库、社会保险关系转移系统、异地就医结算系统等，使全国社会保险信息总量急剧增长。至2018年年底，各地每月归集到中央数据库的分险种参保信息约33亿条，而沉积在各地社会保险管理信息系统的全口径业务数据量更为可观。社会保险数据聚合了数以十亿计公民的基本身份、就业单位、参保缴费、待遇状态、医疗费用结算以及相关信用、金融等信息，覆盖人群广泛，资源内容丰富，并具有高度动态性，是一座巨大的“数据金矿”。充分发掘社会保险数据的利用价值，是提升社会保险信息化水平的重要任务。

一、大数据助推社会保险精准服务

在全面实施全民参保计划中，跨地区流动就业和灵活就业是容易被遗漏的群体。各地通过大数据技术分析，定位尚未参保的对象，确定重点扩面人群，针对其特点和需求开展组织引导工作。在服务模式上，不仅开辟政府公共服务平台，而且利用社交网络、城市服务等互联网服务入口推送参保提示信息，提供网上自助参保、续保、缴费等服务，通过个性化服务，引导和帮助群众参保。将失业保险参保数据与就业创业服务数据联网进行比对分析，实现对领取失业保险金人员资格条件的精确审定，并有针对性地采取促进就业措施。跨部门信息资源共享，提供了更广阔的数据应用空间。如：各级人力资源社会保障部门与扶贫部门信息联网，使就业扶贫、社保扶贫政策精准落实到人，合力打赢脱贫攻坚战（见第三章）；与市场监管部门信息联网，推进多证合一、一照一码的“放管服”改革（见第九章）；与公安部门信息联网，相互补充验证公民身份信息和死亡信息，还可为工伤保险中的道路交通事故认定提供及时有力的支持；与国家税务机关信息联网，支持社会保险费由税务机关征收，并以税收优惠政策支持补充性社会保险的建立和发展（见第二章）等。

二、大数据优化基金风险防控机制

大数据在医疗保险反欺诈方面的功效最为明显。从 2012 年起，各地对医疗保险经办积累的海量数据进行筛选和量化分析，设定监测项目和预警阈值，建设了信息化智能监控系统，对医保基金结算支付的每笔医疗费用进行审验，查出和纠正了许多违规违约问题，在依法依规处理的基础上，逐步完善制度、规范流程，堵塞基金损失漏洞。在实施降低社会保险费率政策中，各地通过大数据分析，预测基金收支风险，精确把握降费的节奏和幅度，在支持企业发展的同时，也维护了基金运行安全。

三、大数据助力科学决策

中国初步建立了社会保险精算系统，在全国人口统计的基础上，利用多年积累的社会保险数据，研究养老保险制度覆盖人群的人口生命表，对基金长期运行的趋势作出预测评估。建立了社会保险政策仿真实验模型，代入实践数据，模拟政策实施情况，并通过调整不同参数观察变化状态及相关影响，为制定完善政策提供数据支撑。通过养老保险数据分析，监测平均退休年龄、平均领取养老金年限和水平、基金可支付月数等变化情况，研判基金支撑能力。通过全国和重点地区住院费用结算抽样数据监测分析，形成医保制度运行评估机制，为药品目录的制定调整以及为按病种付费、DRGs 等医保支付方式改革提供数据支撑。通过工伤保险数据监测分析，支持行业差别费率和单位浮动费率的动态调整。这些分析、评估、预测，都利用了社会保险的大数据资源，从不同角度展现了社会保险制度的真实运行状态，提升了判断和决策的科学性。

四、开发社会保险大数据的社会化、市场化应用

中国社会保险大数据的应用，目前主要集中在公共管理和政府服务方面，其社会化、市场化应用还有许多待开发的领域。2018 年，28 个部门推出的社会保险领域失信联合惩戒机制（见第十章），将公共服务与公民社会信用关联，是社会保险大数据应用于社会领域的一种积极尝试。还可望开发的领域有：运用医疗保险的海量诊疗信息，观察疾病谱变化，支持药品、医用耗材和医疗器械研发；运用养老、医疗保险数据，完善商业健康、人寿保险精算模型，开发出更多适宜降低老龄化风险的保险产品；运用工伤保险数据，支持康复技术改进和辅助器具研发；运用连续稳定就业参保的信用评价数据，支持中小微企业申请银行贷款时的资信判断等。外部数据的汇集也会对社会保险运行产生影响，如生物识别技术的发展、可穿戴信息设备的广泛应用，将产生大量反映不同群体生活和行为模式的数据信息，与社会保险数据结合，可能催生新的社会保险政策标准和管理模式。这种信息跨界融合应用必定产生难以估量的化合反应，促进社会创新发展。中国政府认清这一未来趋势，坚决打破信息壁垒，逐步开放公共信息，汇集众智，向社会赋能，使社会保险的鲜活数据得到更充分的利用，实现造福公众、推动社会进步的价值。

第十二章
社会救助制度

在中国的社会保障体系中，社会救助的作用十分重要，虽然其实际保障的人群规模相对社会保险来说较小，但属于“兜底”性的制度安排，代表着国家对公民基本生存权利的普遍保障。社会救助制度坚持托底线、救急难、可持续，与其他社会保障制度相衔接，救助水平与经济社会发展水平相适应，救助工作遵循公开、公平、公正、及时的原则。

中国的社会救助包括最低生活保障、特困人员供养、受灾人员救助、医疗救助、教育救助、住房救助、就业救助以及临时救助。救助资金主要来自政府公共预算，同时鼓励、支持单位和个人等社会力量参与，参与方式有捐赠、设立帮扶项目、创办服务机构、提供志愿服务等，国家对社会力量参与社会救助给予财政补贴、税收优惠、费用减免等政策支持。

中国社会救助工作的管理体制是：以政府民政部门为主，卫生健康、教育、住房城乡建设、人力资源社会保障等部门按照各自职责负责相应的社会救助管理工作；乡镇政府、城市街道办事处负责有关社会救助的申请受理、调查审核，具体工作由社会救助经办机构或者经办人员承担；村民委员会、居民委员会协助做好有关社会救助工作。

第一节　最低生活保障制度

早在20世纪50年代，中国就建有针对困难群体的社会救济制度。当时确定的救济对象主要是城市中无法定扶（抚）养人、无劳动能力、无生活来源的孤老残幼人员（以下简称“三无”人员）以及其他因天灾人祸或缺少劳动能力造成生活困难的无业居民；救济方式是定期救济与临时经济援助相结合。20世纪80年代改革开放后，社会救济方针是依靠集体，依靠基层，生产自救，群众互助，辅以国家必要的救济。到1989年，全国城市享受定期救济的只有不到31万人，资金支出8 450万元。总体上看，救济对象范围窄，救济水平较低。

1999年，国务院颁布《城市居民最低生活保障条例》，标志着中国社会救助制度发展到新阶段。救助对象为城市居民中“凡共同生活的家庭成员人均收入低于当地城市居民最低生活保障标准的”人员，大大超出了原来规定的“三无”人员范围。保障标准由市、县政府按照当地维持城市居民基本生活所必需的衣、食、住费用，并适当考虑水电燃煤（燃气）费用及未成年人的义务教育费用确定，以货币形式按月发放，必要时也可以给付实物。其中，“三无”人员按标准全额享受，而有一定收入的居民按家庭人均收入低于标准的差额享受。资金来源主要是地方政府的财政预算资金，同时鼓励社会组织和个人捐赠和资助。对在就业年龄内有劳动能力的受保者，要求参加所在居委会组织的公益性社区服务劳动。《城市居民最低生活保障条例》的颁布施行，更加适应市场经济体制下防范和化解社会成员经济风险的需要。到2002年，全国城市有2 053万人享受低保待遇，低保标准月人均155元，实际补差金额为54元；受保者中特困职工959万人，失业人员349万人，特困职工和失业人员家属659万人，“三无”人员只有86万人。至此，原来以保障少量

“三无”人员的救济制度已经转型为普遍的社会保障制度。此后，城市低保对象大体稳定在 2 200 万人左右的规模，但各级政府对低保的财政投入则不断加大，使保障水平稳步提高。2012 年，城市低保平均标准达到 330 元，实际补差 239 元。

在农村，自 20 世纪 90 年代起，就有上海等部分发达地区进行了建立农村低保制度的尝试。2002 年，中共十六大首次提出有条件的地方探索建立农村最低生活保障制度的任务。到 2006 年年底，全国已有 1 509 万名农民享受了低保待遇。

2007 年，国务院发布《关于在全国建立农村最低生活保障制度的通知》，部署全面建立农村低保制度，目标是“将符合条件的农村贫困人口全部纳入保障范围，稳定、持久、有效地解决全国农村贫困人口的温饱问题”。政策规定的保障对象是家庭年人均纯收入低于当地最低生活保障标准（按国家规定所获得的优待抚恤金、计划生育奖励与扶助金以及教育、见义勇为等方面的奖励性补助，一般不计入家庭收入）的农村居民，主要是因病残、年老体弱、丧失劳动能力以及生存条件恶劣等原因造成生活常年困难的农村居民。保障标准由县级以上地方政府按照能够维持当地农村居民全年基本生活所必需的吃饭、穿衣、用水、用电等费用确定，报上一级地方政府备案后公布执行，并随着当地生活必需品价格变化和人民生活水平提高适时进行调整。所需资金以地方政府财政预算为主，省级政府要加大投入，中央政府对财政困难地区给予适当补助，同时鼓励和引导社会力量捐赠和资助。农村低保待遇享受资格的审定和公布要执行严格程序：一般由户主本人提出申请；村民委员会对其开展家庭经济状况调查，组织村民会议或村民代表会议民主评议后提出初步意见；乡镇政府审核后报县级政府民政部门审批。低保对象的申请、评议意见、审核、审批意见、实际补助水平等情况都要及时向社会公布，接受群众监督。低保金原则上按申请人家庭年人均纯收入与保障标准的差额发放，也可以在核查申请人家庭收入的基础上，按照其家庭的困难程度和类别分档发放。政策实施当年，全国所有涉农县（市、区、旗）全部建立了农村低保制度，有 3 452 万人被确定为农村低保对象，到 2012 年增加到 5 345 万人，此后基本稳定在这一规模。表 12-1 为 2002—2012 年城乡低保发展情况。

表 12-1 2002—2012 年城乡低保发展情况

年度	城市			农村		
	受保人数 / 万人	平均标准 / 元	实际补差 / 元	受保人数 / 万人	平均标准 / 元	实际补差 / 元
2002	2 065	155	54	408	—	—
2003	2 247	—	58	367	—	—
2004	2 205	152	65	488	—	—
2005	2 234	156	72	825	—	—
2006	2 240	170	84	1 593	—	—
2007	2 271	182	102	3 452	70	37
2008	2 335	205	144	4 306	82	50
2009	2 348	278	165	4 759	101	64
2010	2 311	251	189	5 214	117	74
2011	2 277	288	240	5 306	143	106
2012	2 144	330	239	5 345	172	114

资料来源：民政部历年统计公报。

2014 年，国务院颁布《社会救助暂行办法》，将城市低保和农村低保统称为最低生活保障，统一规定了保障对象、保障标准的确定和调整权限、申请和批准程序以及受保者义务；在实际执行中，大多数地区仍按城市和农村分别确定标准和实施范围。

2018 年城乡居民享受低保待遇总人数为 4 526 万人，比 2012 年减少近 3 000 万人，特别是农村减少 1 800 多万人，反映了脱贫攻坚的效果；但同期投入资金不减反增，城乡低保待遇标准分别提高了 76% 和 134%（见表 12-1、表 12-2）。

表 12-2　2013—2018 年城乡低保发展情况

年度	城市				农村			
	享受户数 / 万户	享受人数 / 万人	使用资金 / 亿元	标准 /（元 / 人·月）	享受户数 / 万户	享受人数 / 万人	使用资金 / 亿元	标准 /（元 / 人·年）
2013	1 097	2 064	757	373	2 931	5 388	867	2 434
2014	1 026	1 877	722	411	2 944	5 207	870	2 777
2015	957	1 701	719	451	2 846	4 904	932	3 178
2016	855	1 480	688	495	2 635	4 587	1 015	3 744
2017	742	1 261	641	541	2 249	4 045	1 052	4 301
2018	605	1 007	575	580	1 902	3 519	1 057	4 833

资料来源：民政部历年统计公报。

第二节　特困人员供养制度

在全面建立农村低保制度之前，中国对农村特别困难群体实行的基本生活保障制度主要是五保供养制度。

在 20 世纪 50 年代中国农业合作化过程中，有关文件规定：“农业生产合作社对于社内缺乏劳动力、生活无依靠的鳏寡孤独的农户和残废军人，应当在生产上和生活上给以适当的安排，做到保吃、保穿、保烧（燃料）、保教（儿童和少年）、保葬，使这些人的生养死葬都有指靠。”1958 年，全国农村享受五保供养的有519万人。此外，还兴办了15万多所敬老院，收养了300余万名孤寡老人。1962年进一步规定：农村生产队可以从可分配的总收入中按2%～3%的比例扣留公益金，作为社会保险和集体福利事业的费用；对于生活没有依靠的老、弱、孤、寡、残疾的社员，遭到不幸事故、生活发生困难的社员，经过社员大会讨论和同意，实行供给或者给以补助；这个供给和补助的部分，从公益金中开支。这一规定明确了在当时体制下，生产队是农村五保供养的责任主体，所需资金和物资也主要由生产队筹集分配。

1994年，根据中国农村实行家庭联产承包责任制、生产队组织不复存在的实际，国务院制定颁布《农村五保供养工作条例》，将供养对象确定为农村居民中没有法定扶（抚）养人、没有劳动能力、没有经济收入来源的老年人、残疾人和未成年人，供养的内容调整为在吃、穿、住、医、葬及孤儿教育方面给予生活照顾和物质帮助，资金来源改为“村提留或者乡统筹费”，形成了适应新情况的规范制度。

2006年，中国全面开展以农村税费改革为主要内容的农村综合改革，在全国范围内取消“村提留”和“乡统筹”资金。为此，国务院修订《农村五保供养工作条例》，将五保供养资金改为由地方政府财政预算为主安排，有农村集体经营等收入的地方可以安排资金用于补助和改善农村五保供养对象的生活，并明确中央政府对财政困难地区给予适当补助。同时将确定供养标准的权限由原来规定的乡镇政府提高到省级政府，也可以授权市、县级政府制定标准，但需报省级政府备案，以利于在更大范围内平衡农村特困群体的保障水平。在五保供养的组织实施上，也强化了各级政府的主体责任。2007年，全国享受农村五保供养人数500多万人，其中集中供养138万人，年人均标准1 953元；分散供养393万人，年人均标准1 432元。此后多年，全国农村五保供养人数基本稳定在500万人左右的规模。

2014 年国务院颁布的《社会救助暂行办法》，将农村五保供养纳入“特困人员供养”范围，不再限于农村。统一规定的供养对象是无劳动能力、无生活来源且无法定赡养、抚养、扶养义务人，或者其法定赡养、抚养、扶养义务人无赡养、抚养、扶养能力的老年人、残疾人以及未满 16 周岁的未成年人。供养的内容包括提供基本生活条件，对生活不能自理的给予照料，提供疾病治疗，办理丧葬事宜。供养标准由省级政府或者设区的市级政府确定。供养形式有两种，既可以在当地的供养服务机构集中供养，也可以在家分散供养，由特困供养人员自行选择。

表 12–3 显示，农村五保（特困人员）供养人数自 2013 年后逐年减少，但资金逐年增长，表明供养待遇水平逐步提高。2018 年有 27.7 万多名城市特困人员得到救助供养。

表 12–3　2012—2018 年农村五保供养发展情况

年度	农村五保（特困人员）供养	
	享受人数 / 万人	使用资金 / 亿元
2012	546	145
2013	537	172
2014	529	190
2015	517	210
2016	497	229
2017	467	269
2018	455	307

资料来源：民政部历年统计公报。

第三节　其他社会救助制度

一、受灾人员救助

受灾人员救助对象是指基本生活受到自然灾害严重影响的人员。全国所有设区的市以及自然灾害多发、易发地区的县都根据自然灾害特点、居民人口数量和分布等情况设立有自然灾害救助物资储备库，保障灾害发生后救助物资的及时供应。

受灾人员救助内容主要有：自然灾害发生后，政府根据情况紧急疏散、转移、安置受灾人员，及时为受灾人员提供必要的食品、饮用水、衣被、取暖、临时住所、医疗防疫等应急救助；灾情稳定后，受灾地区政府评估、核定并发布自然灾害损失情况，并在确保安全的前提下，对住房损毁严重的受灾人员进行过渡性安置；自然灾害危险消除后，受灾地区政府民政等部门及时核实居民住房恢复重建补助对象，并给予资金、物资等救助；受灾地区政府为因当年冬寒或者次年春荒遇到生活困难的受灾人员提供基本生活救助。

中国地域广阔，地理气候复杂，自然灾害多发且各年不均衡，政府不断健全自然灾害救助制度，努力减轻灾害造成的损失。2010 年，全国因灾死亡、失踪人口达 7 844 人；2017 年，全国各类自然灾害造成 1.4 亿人不同程度受灾，但因灾死亡、失踪人口减少到 979 人，国家启动救灾应急响应 17 次，中央财政拨付自然灾害补助资金 80.7 亿元[①]，并从中央储备中紧急调拨大批生活类救灾物资，使受灾群众的基本生活得到保障。

① 民政部历年统计公报。

二、医疗救助

有资格申请医疗救助的对象是最低生活保障家庭成员、特困供养人员、县级以上政府规定的其他特殊困难人员。

医疗救助的方式有两种：一是对救助对象参加城乡居民基本医疗保险的个人缴费部分给予补贴；二是对救助对象经基本医疗保险、大病保险和其他补充医疗保险支付后，个人及其家庭难以承担的符合规定的基本医疗自负费用给予补助。医疗救助标准由县级以上政府按照经济社会发展水平和医疗救助资金使用情况确定。

获得医疗救助的程序是：属于规定范围内的人员向乡镇政府、城市街道办事处提出申请，经审核、公示后，由县级政府民政部门审批，其中低保家庭成员和特困供养人员的医疗救助，由县级政府民政部门直接办理。

医疗救助要与基本医疗保险、大病保险形成相互衔接的医疗费用结算机制，为医疗救助对象提供便捷服务。同时，国家建立疾病应急救助制度，对发生急重危伤病、需要急救但身份不明或者无力支付急救费用的患者给予救助，符合规定的急救费用由疾病应急救助基金支付。

随着各级政府对城乡居民参加基本医疗保险缴费的补助标准普遍提高（2016 年达到每人每年不少于 420 元，2018 年达到每人每年不少于 490 元）并相应提高居民个人缴费标准，城乡居民基本医保的筹资水平迅速提高，因而对“额外”补助的需求降低。表 12-4 显示，医疗救助资金对城乡居民参加基本医保的资助人数在 2014—2015 年间达到高峰后明显回落；而获得直接救助住院及门诊费用的人数继续增加，这与 2015 年全面推行城乡居民大病保险制度后，医疗救助资金参与大病保险供款相关。

表 12-4　2012—2018 年城乡医疗救助发展情况

万人

年度	城乡医疗救助	
	资助参保	直接救助
2012	5 878	2 174
2013	6 359	2 126
2014	6 724	2 395
2015	6 635	2 889
2016	5 560	2 696
2017	5 621	3 517
2018	7 674	5 361

资料来源：民政部历年统计公报，2018 年数据引自国家医疗保障局统计公报。

三、教育救助

教育救助对象分为两类：一类是对在义务教育阶段就学的最低生活保障家庭成员、特困供养人员，国家给予教育救助；另一类是对在高中教育（含中等职业教育）阶段、普通高等教育阶段就学的最低生活保障家庭成员、特困供养人员，以及不能入学接受义务教育的残疾儿童，根据实际情况给予适当教育救助。

教育救助的主要方式是减免相关费用、发放助学金、给予生活补助、安排勤工助学等，保障教育救助对象基本学习、生活需求。教育救助标准由省级政府根据经济社会发展水平和教育救助对象的基本学习、生活需求确定和公布。

教育救助的程序是向就读学校提出申请，经审核、确认后，由学校按照国家有关规定实施。

2018 年，全国对义务教育寄宿生生活补助资助 1 499.58 万人次、190.99 亿元，资助中等职业学校学生 1 629.70 万人次、399.96 亿元，资助普通高中学生 1 332.74 万人次、189.79 亿元，资助普通高校学生 4 387.89 万人次、1 150.30 亿元。[①]

四、住房救助

住房救助对象是最低生活保障家庭和分散供养的特困人员中符合规定标准的住房困难人员。

城镇的救助方式是优先配租公共租赁住房并减免租金，对低收入住房困难家庭发放住房租赁补贴；农村的救助方式是优先纳入当地农村危房改造计划。住房困难标准和救助标准，由县级以上地方政府根据本行政区域经济社会发展水平、住房价格水平等因素确定，并按年度进行动态调整。

住房救助的相关程序是：城镇家庭申请住房救助的，经由乡镇政府、街道办事处或者直接向县级政府住房保障部门提出，经县级政府民政部门审核家庭收入、财产状况和县级政府住房保障部门审核家庭住房状况并公示后，对符合申请条件的申请人，由县级政府住房保障部门优先给予保障；农村家庭申请住房救助的，按照县级以上政府有关规定执行。

五、就业救助

就业救助对象是最低生活保障家庭中有劳动能力并处于失业状态的成员，要求县级以上政府采取有针对性的措施，确保该家庭至少有一人就业。

就业救助方式是就业贷款贴息、社会保险补贴、岗位补贴、培训补贴、

① 教育部《2018 年中国学生资助发展报告》。

费用减免、公益性岗位安置就业等。

就业救助的相关程序是：申请人向住所地街道、社区公共就业服务机构提出申请，公共就业服务机构核实后予以登记，并免费提供就业岗位信息、职业介绍、职业指导等就业服务。

有劳动能力的受助家庭成员有义务接受人力资源社会保障等有关部门介绍的工作，无正当理由，连续三次拒绝接受与其健康状况、劳动能力等相适应的工作的，县级政府民政部门可以决定减发或者停发其本人的最低生活保障金。吸纳就业救助对象的用人单位，按照国家规定享受社会保险补贴、税收优惠、小额担保贷款等就业扶持政策。

六、临时救助

临时救助对象分为三类：一是由于火灾、交通事故等意外事件或者家庭成员突发重大疾病等原因，导致基本生活暂时出现严重困难的家庭；二是低保家庭因生活必需支出突然增加超出家庭承受能力，导致基本生活暂时出现严重困难的；三是遭遇其他特殊困难的家庭。

实施临时救助的程序是：申请者向乡镇政府、街道办事处提出申请，经审核、公示后，由县级政府民政部门审批；救助金额较小的，可以委托乡镇政府、街道办事处审批；情况紧急的，可以按照规定简化审批手续。

临时救助还包括对生活无着的流浪、乞讨人员提供临时食宿、急病救治、协助返回等救助。

2018 年，全国实施临时救助累计 1 108 万人次，各级政府支出临时救助资金 131 亿元，平均每人次救助水平 1 179 元。[①]

---

① 民政部《2018 年民政事业发展统计公报》。

第十三章
中国社会保障体系建设的基本经验和奋斗目标

第一节　中国社会保障体系建设的基本经验

中华人民共和国的社会保障体系建设迄今已有 70 年。改革开放 40 年来进行了一系列重大改革和创新，特别是中共十八大以后，体制、机制变革进一步深化，取得了举世瞩目的成就，为 14 亿中国人民提供了更加可靠的基本生活保障。总结中国社会保障体系发展历程，可以概括出三条基本经验。

一、坚定不移的政治信念

中国共产党和中华人民共和国的决策者不忘建党立国的初心，始终把追求社会公平、正义、和谐，把中国人民的幸福安康作为自己崇高的政治使命，随着经济社会发展，向社会保障领域投入越来越多的资源，努力实现、维护和增进人民群众最广泛、最切身的利益。

中国共产党从建立之初就提出了多项有关社会保障的主张，即使在艰苦卓绝的战争年代和民族解放斗争中，也从未停止过领导人民群众为理想而奋斗。中华人民共和国成立伊始，就将执政党的社会保障理念转化为国家意志，在百废待兴之际陆续建立起劳动保险、农村五保供养等制度，使中国劳动大众第一次有了抵御收入风险的制度性保障。

改革开放后，围绕经济体制改革、统筹城乡发展的目标，新建和重构了多项社会保障制度，并从城市向农村延展，逐步形成了适应社会主义市场经济体制运行和发展要求、覆盖全民的社会保障体系。

中共十八大以来，中国共产党和中国政府坚持以人民为中心的发展思想，将人民对美好生活的向往作为奋斗目标，进一步加快完善社会保障制度体系，显著提高了人民群众的获得感、幸福感和安全感。中共十九大报告鲜明地提出："增进民生福祉是发展的根本目的。必须多谋民生之利、多解民生之忧，在发展中补齐民生短板、促进社会公平正义，在幼有所育、学有所教、劳有所得、病有所医、老有所养、住有所居、弱有所扶上不断取得新进展，深入开展脱贫攻坚，保证全体人民在共建共享发展中有更多获得感，不断促进人的全面发展、全体人民共同富裕。""保障和改善民生要抓住人民最关心最直接最现实的利益问题，既尽力而为，又量力而行，一件事情接着一件事情办，一年接着一年干。坚持人人尽责、人人享有，坚守底线、突出重点、完善制度、引导预期，完善公共服务体系，保障群众基本生活，不断满足人民日益增长的美好生活需要，不断促进社会公平正义，形成有效的社会治理、良好的社会秩序，使人民获得感、幸福感、安全感更加充实、更有保障、更可持续。"这些深刻论述，是习近平新时代中国特色社会主义思想在民生工作领域的集中体现，是中国发展社会保障事业的重要思想理论指导。

中共十八大以来，中国社会保障体系建设的整体性、系统性、前瞻性更强，覆盖范围更广泛，保障项目更完备，在政府更多资金投入牵引下筹资渠道更开阔，以信息化为基础的管理服务水平更高，人民群众获得的实惠更多，防控未来风险的长期储备也更雄厚。这一切都不是自发演进的过程，而是各级党委、政府遵循“坚持在发展中保障和改善民生”的统一政治意愿，领导社会各界勠力同心、不懈奋斗的伟大实践成果。这个始终如一的强烈政治信念，还将指引和推动中国社会保障实现2020年全面建成小康社会的奋斗目标，继而达到2035年“基本实现社会主义现代化”的目标。

二、求真务实的科学方法

在有近14亿人口的发展中大国全面建设社会保障体系，是人类历史上前所未有的宏大事业，也是一个难度超高的命题。历史积弊、现实矛盾、未来风险集中于一时，需要瞻前顾后；地区差别、城乡差别、群体诉求差别交织于一体，需要综合平衡；订立法规、设计制度、统一政策、规范管理、提升技术手段，各种难点和障碍，需要逐一化解；在社会保障体系构建过程中，不时有经济波动等外部环境的重大变故，需要从容应对。这一切，汇聚成纵横交错的无数难题，社会保障体系建设之艰难曲折可想而知。中国共产党和中国政府解决复杂问题的一大法宝，就是实事求是，一切从实际出发，尊重实践，坚持实践是检验真理的唯一标准。

先进国家的社会保障体系建设已有数百年积淀，现代社会保险制度的建立也有130多年历史。后发的中国社会保障重视从各国汲取有益经验，密切跟踪国际社会保障最新发展动向，作为自身发展的借鉴，也就是中国成语所说的“它山之石，可以攻玉”。但中国在遵循国际公认的社会保障基本规律的基础上，没有完全照搬某种固定模式，而是始终坚持从本国基本国情出发，探索符合自身特点和不同发展阶段实际的社会保障制度、政策和管理体制。这种基本国情，不仅包括政治、经济、地理、人口特征，也包括中华民族绵延几千年的特有历史文化传统。

多年来，中国几乎所有重大社会保障制度的建立和改革，如职工五项社会保险制度、城乡居民养老和医疗保险制度，以及大病保险、城乡低保和其他救助制度，还有正在探索的长期护理保险制度等，无不践行着局部试点、总结经验、修正改进、逐步推开的路径；各项社会保障政策的制定和完善无一不源自实践，又反复接受实践检验，以更多人民群众接受不接受、满意不满意、高兴不高兴为最终评判标准。

中国政府深刻认识到任何事物发展都会受内外部因素交互影响的规律，妥善处理并引导社会各界理性对待需要与可能、局部与整体、当前与长远的关系。特别是在保障水平方面，政府既尽力而为，不断加大公共预算投入；又量力而行，坚持在经济社会发展基础上稳步提高，不作过高承诺，不盲目吊高胃口，建立多元筹资机制，鼓励公众和社会各方面提升自我保障和互助共济意识。全体社会成员既是社会保障的受益者，又是参与者和监督者，共同构筑全民社会保障的愿景，锲而不舍，循序渐进，久久为功。

三、与时俱进的创新精神

70 年世事变迁，中国的社会保障始终追随时代前进的脚步，开拓新领域、创造新方法、提升新高度，为中国人民带来不断增进的福祉。

从适应计划经济体制的劳动保险等保障制度向适应社会主义市场经济体制的统筹互济的社会保险制度转化是一大突变；从以城市职工为主要保障群体向城乡全体居民扩展覆盖面又是一大突变；从单纯政府预算安排资金和单位供款发展到个人、单位、国家共担责任的多元筹资渠道，并建立战略储备基金是一大突变；从地区分散、部门分割的管理体制进化为社会保险基金全国或省级统筹、调剂，统一管理机构，构建全国联网运行系统也是一大突变；

从效率低下的手工经办操作升级到多平台、多媒体的信息化管理服务，跟上了技术革命的突变步伐；如此等等。中国社会保障体系的发展、创新，保障和不断改善了人民群众的基本生活，维护着社会公平正义，同时也促进了中国经济社会发展进步。

第二节 中国社会保障体系建设的奋斗目标

中国特色社会主义进入新时代，中国社会的主要矛盾转化为人民日益增长的美好生活需要和不平衡不充分的发展之间的矛盾，这同样是社会保障领域的主要矛盾。在覆盖 10 多亿城乡劳动者和居民的社会保障体系基本建立的情况下，矛盾焦点从有没有基本保障开始转向保障水平高低、政策是否公平、制度能否持续等方面，突出问题是城乡之间、群体之间社会保障的发展不平衡不充分，需要在社会保障制度、政策、资金、服务供给方面更加充足、更加稳固、更加均衡。从现在起到 2035 年的 16 年乃至更长时间，中国将进入人口老龄化的高峰期，城镇化也将进一步加速，人口的年龄结构和城乡结构都会发生巨大变化；随着信息技术、人工智能的广泛应用，传统产业衰退、新业态和新就业形式兴起将是必然趋势；国内经济结构深度调整和国际政治、经贸关系不确定性增强，也提出了许多新的挑战。这些外部环境的重大改变，都将深刻影响中国社会保障体系发展的方向和格局。围绕人民群众对新时代社会保障的新期待，面对未来可能产生和聚集的社会风险，中国将在经济、政治、文化、社会、生态文明建设“五位一体”的总体布局中，按照兜底线、织密网、建机制的要求，继续不懈努力，为全面建成覆盖全民、城乡统筹、权责清晰、保障适度、可持续的多层次社会保障体系而奋斗。

一、织密社会安全网，加快实现法定人员全覆盖

可及性是衡量社会保障计划效能的基础性指标，在有着近14亿人口的中国，又面对进入中等收入阶段后可能出现的贫富差别加剧矛盾，更要把实现社会保障制度全面覆盖作为首要任务。

中国正在并将持续全面实施全民参保计划，在确保完成国家“十三五”规划纲要确定的“基本实现法定人员全覆盖”基础上，着力将容易被边缘化的群体——小微企业、灵活就业人员、农民工等作为扩大社会保险覆盖面的重点对象，积极探索网络就业、创业等新业态就业群体参保的适宜方式，进一步提高各类群体参保的普遍性和连续性，保障参保人员相关权益的衔接，通过完善政策、优化服务减少“漏保”“断保”现象。将社会保障政策与扶贫、减贫事业紧密结合，牢牢兜住相对最贫困人群生活保障的底线，维护和促进社会公平、正义与和谐。大力发展多层次社会保障体系，以更有力的公共政策促进补充性养老、医疗保险和个人养老金等保障计划的广泛推进，满足人民群众日益增长的多样化需求。

二、完善运行管理，构建权责清晰的体制机制

正确处理政府与各类社会经济组织、公众在社会保障方面的关系。政府依法承担社会保障的主体责任，持续加大对社会保障的资金投入，确保人民群众的基本生活和合法权益；提供均等化的基本公共服务，全面推行规范化、标准化、信息化管理，使人民群众享受到质量、效率、水平更高的社会保障经办服务。同时，优化权利与义务对应的政策设计，通过广泛组织动员和宣传教育，提升社会各界的社会保障意识，倡导社会团结、互助共济的文化，促进各类单位和公民依法履行社会保障义务，承担相应的责任。

进一步厘清中央与地方各级政府在社会保障方面的责权。继续提高各项社会保险基金的统筹层次，尽快实现职工基本养老保险基金全国统筹，在更大范围内实现资金统筹互济，增强保障能力，增强制度的地域公平性。中央政府加大对中西部地区和社会保障专门项目的财政支持力度，建立有效的考核、评估机制；各级地方政府按照中央统一要求规范社会保险筹资规则、待遇标准、监管制度，并依法履行财政责任。

在厘清责权、顺畅体制、规范政策、完善机制的基础上，加快社会保障立法，将被实践证明行之有效、运行稳定的政策规范上升为法律法规，特别是将职工和城乡居民基本养老保险、基本医疗保险等覆盖广泛的重大制度，防控社会保障基金风险的投资和管理监督制度，与建设全国统一的社会保险公共服务平台密切相关的社会保险管理服务规则等，优先纳入立法规划。同时进一步完善部门规章、地方立法，形成全面、综合、立体的社会保障法律法规体系，大力推进依法行政和依法办事，完善司法体制和程序，加强执法监督，全面推进中国社会保障的法治化进程。

三、坚持保障适度原则，随经济社会发展稳步提高待遇水平

从中国仍处于并将长期处于社会主义初级阶段的实际出发，坚持社会保障待遇与经济社会发展水平相适应的基本原则，守住“保基本”的底线，合理引导社会预期。对不同的保障项目确定相应的底线，如基本医疗保障以防止家庭医疗费灾难性支出导致贫困为底线，基本养老保险以保障城乡老年人基本生活需求为底线，社会救助与脱贫标准相衔接等，不使一个人因缺乏制度保障而陷于长期贫困境地。

建立健全各项社会保障待遇正常的动态调整机制。科学确定影响社会保

障待遇水平的指标和参数，总体上以经济发展、收入水平提高、消费需求增长、物价变动等为主要牵引性指标，以社会保障基金收支平衡、政府财政能力和社会各方面承受能力为主要制约性指标，适时适度提高保障水平。把握待遇调整的节奏和力度，形成较为稳定和均衡的定期调整机制，同时制定应对突发情况的调整预案。明确社会保障待遇调整的责权，针对中国地区发展差异大的特点，在大的待遇项目由中央统一部署调整的前提下，授权地方政府依据实际情况有限度地调整保障项目和标准，把统一性与灵活性结合起来，使人民群众分享经济社会发展成果。

四、着眼长远，增强社会保障发展的可持续性

资金是社会保障制度长期稳定运行的物质基础。面对中国人口老龄化高峰期临近等严峻挑战，进一步拓宽社会保障筹资渠道，落实基本养老保险结存基金统一投资运营的政策，扩大投资范围，延长委托期限，优化资产配置，使基金投资增值成为缴费供款、财政补贴之外又一条重要筹资渠道。加快划转部分国有资本充实社保基金步伐，增大全国社会保障基金储备规模，增强战略“压舱石”的分量。

延迟退休年龄是优化代际赡养结构、增强养老保障制度可持续性的理性选择，但涉及群体广泛，利益关系复杂。汲取先期老龄化各国的经验，中国采取“渐进式”的策略。一是把握时间的渐进性。适时公告，先“预热”再实行，使公众有较充分的心理适应期；实施中按照“小步徐趋”节奏，力求平滑过渡。二是把握群体的渐进性。优先安排退休年龄条件最低的群体和人力资源替代弹性低的职业。三是把握政策强度的渐进性。起步阶段可先实行弹性延迟，引导相关群体充分权衡利弊后再作出自主选择。四是同步配套支持现行标准“老年人”就业的优惠政策，开发适宜岗位，充分发挥中国人力

资源优势，满足社会生活的多方面需求，也消解“刘易斯拐点”可能引发的矛盾。

面对已经显露或仍潜在的未来各种风险，不断丰富社会保障政策的“工具箱”，特别是为应对经济周期性波动或重大危机可能造成的群体性收入损失风险，系统梳理过去的成功经验，萃取精华，长期积累，做未雨绸缪之备；一旦有需要，应时而用之，因势而变之，稳定公众预期，维护社会保障制度和经济社会的平稳运行。

70 年来，中国的社会保障体系从无到有、从小到大、从偏到全，造福了世界上五分之一的人口，也为国际社会保障和减贫事业做出了应有贡献。在新时代中国特色社会主义的进程中，面对新的挑战和新的机遇，中国将按照“两个一百年”的奋斗目标，一如既往地完善社会保障体系，努力再创新的辉煌，为中华民族伟大复兴的中国梦添上浓墨重彩的一笔。